AF226739

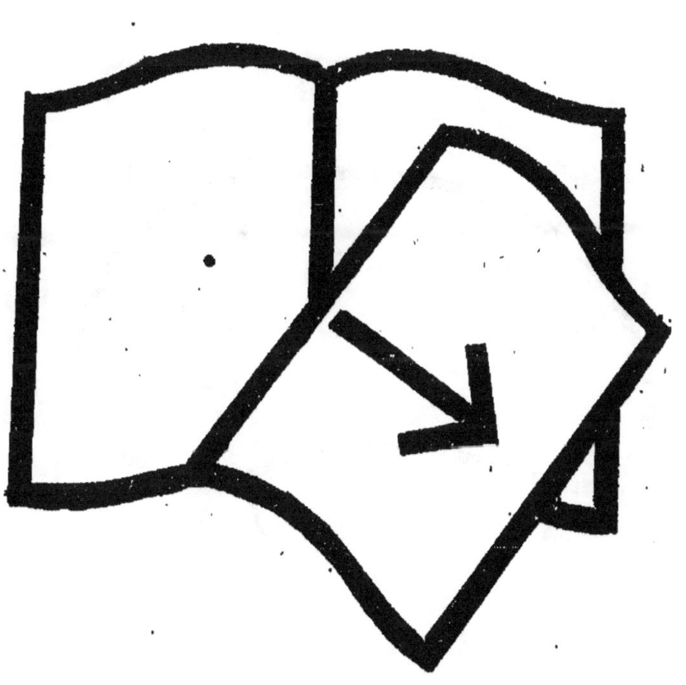

Couverture supérieure manquante

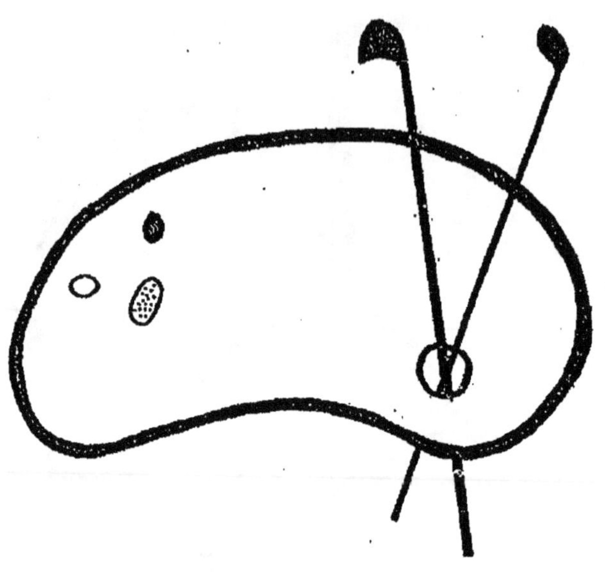

ORIGINAL EN COULEUR
NF Z 43-120-8

Librairie BLOUD & Cie, 4, rue Madame, Paris VIe

COLLECTION
" LA PENSÉE CHRÉTIENNE "
TEXTES ET ÉTUDES

GRANDS IN-16 A PRIX VARIÉS.

Bonald, par Paul Bourget, *de l'Académie Française,* et Michel Salomon, 1 vol. : **3 fr. 50** ; *franco* : **4** francs.

Saint Irénée, par Albert Dufourcq, professeur à l'Université de Bordeaux, docteur ès lettres, 1 vol. : **3 fr.50** ; *franco* : **4** francs.

Tertullien, par l'abbé J. Turmel, 1 volume : **3 fr. 50** ; *franco* : **4** francs.

Saint Jean Damascène, par V. Ermoni, professeur au Scolasticat des Lazaristes, 1 volume : **3** francs ; *franco* : **3 fr. 50.**

Saint Bernard, par E. Vacandard, aumônier au Lycée de Rouen, 1 volume : **3** francs ; *franco* : **3 fr. 50.**

Newman, *le développement du dogm chrétien* par l'abbé Henri Brémond, 1 volume : **3** francs : *franco* : **3 fr. 50.**

Epîtres de saint Paul, *traduction et commentaire,* par A. Lemonnyer, O. P., professeur d'écriture sainte. 1re partie : *Lettres aux Thessaloniciens, aux Galates, aux Corinthiens et aux Romains.* 1 volume : **3 fr. 50** ; *franco* : **4** francs. La deuxième partie en préparation paraîtra prochainement.

Evangile selon saint Matthieu, *traduction et commentaire,* cartes et plans, par V. Rose, O. P., professeur à l'Université de Fribourg, 1 volume : **2 fr. 50** ; *franco* : **2 fr. 75.**

Du même auteur : **Evangile selon saint Marc,** *traduction et commentaire,* cartes et plans, 1 volume : **2 fr. 50** ; *franco* : **2 fr. 75.**

Du même auteur : **Evangile selon saint Luc,** *traduction et commentaire :* cartes et plans, 1 volume : **2 fr. 50** ; *franco* : **2 fr. 75.**

Evangile selon saint Jean, *traduction et commentaire,* par le R. P. Th. Calmes, S.S. C.C., 1 vol. : **3** francs ; *franco* : **3 fr. 50.**

Epîtres catholiques. Apocalypse, *traduction et commentaire,* 1 volume : **3 fr. 50** ; *franco* : **4** francs.

Actes des Apôtres, *traduction et commentaire,* par V. Rose, O. P., professeur à l'Université de Fribourg, 1 volume : **3 fr. 50** ; *franco* : **4** francs.

SCIENCE ET RELIGION
Études pour le temps présent

LES
Saints Protecteurs du Travail

PAR

le R. P. Dom J. M. BESSE

PARIS
LIBRAIRIE BLOUD & Cie

4, RUE MADAME ET RUE DE RENNES, 59
1905
Tous droits réservés

8° R
14946 (336)

Monastère Saint-Martin de Ligugé
à Chevetogne (Belgique).

Ayant lu en entier l'opuscule du R. P. Dom Besse « *les Saints Protecteurs du Teavail* », j'atteste n'y avoir rien trouvé qui soit contraire à la doctrine catholique touchant la foi et la morale.

Chevetogne, 18 Novembre 1904.

Fr. R. ANDOYER.
Lecteur en droit canonique et en
Histoire ecclésiastique de l'abbaye de Ligugé.

PRÉFACE

L'homme est soumis à la loi du travail. Le péché
originel a rendu pénible cette obligation, très douce
jusque-là. Le travail (*opus*) est devenu un labeur
(*labor*) c'est-à-dire une peine. Mais cette humiliation
et ce châtiment de l'orgueil révolté ne lui enlèvent
rien de sa noblesse première.

Par le travail, l'homme continue la grande et
belle œuvre de sa vie personnelle que le Créateur a
inaugurée. Il contribue à la formation et au développement de la société, que la loi divine veut être le
fruit du travail humain organisé. Dans cet ordre
nouveau, le travail sort des limites étroites où l'indi-
vidualisme se tient enfermé, pour trouver l'ampleur
de sa mission. Tout en fournissant à son producteur
de quoi subvenir aux nécessités de sa propre existence et se ménager le superflu d'un bien-être et
même d'un luxe légitime, il le fait se dépenser au
service d'autrui. Les avantages et l'honneur qu'il y
trouve sont le salaire que lui fournit le prochain.

Puisqu'il est le premier à tirer profit de ses ser-
vices, l'homme se prête mieux à ses besoins et à ses
désirs qui développent son initiative et stimulent son
activité. Son intelligence et son génie sentent leurs
ressources croître dans des proportions que l'indivi-

dualisme ou l'isolement n'aurait pu connaître. Peu à peu, sous la poussée tranquille des lois qui font de l'homme un être sociable, il voit son activité prendre une orientation plus nette ; elle se spécialise, de manière à répondre mieux aux besoins qui réclament satisfaction. C'est ainsi que le travail est devenu une fonction et qu'il a fait entrer l'individu dans l'organisation de la société.

Mais l'homme est tellement diminué par le péché originel et ses conséquences, qu'il ne peut conserver toute sa dignité et sa grandeur, s'il est réduit à ses seules forces naturelles. Les passions, qui germent en lui sous l'action des besoins et des désirs, ne restent plus un élément de progrès civilisateur. Elles lancent l'individu dans les désordres, en lui donnant une importance hypertrophiante. Le développement excessif de l'égoïsme qui en résulte, trouble l'harmonie des pensées et des sentiments et fausse la notion essentielle du juste.

Dieu, prenant en pitié le genre humain, lui a donné par le mystère de l'Incarnation et de la Rédemption la force de la vie surnaturelle, qui communique au travail, comme à l'homme tout entier, une noblesse divine. Dieu fait homme a travaillé ; par là, le travail est devenu chose sainte. Jésus-Christ a préféré la plus obscure des fonctions, celle qui est la part de la majorité, afin de suppléer aux honneurs terrestres, dont sa vulgarité la prive. Son action sanctificatrice ne s'arrête pas aux seuls ouvriers ; elle monte jusqu'aux fonctions sociales les plus élevées. Il a voulu consacrer tout travail, toute fonction, en commençant par en bas.

La grâce de cette consécration donne au travail du chrétien une valeur surnaturelle, qui lui sera soldée dans la vie future. L'espérance de jouir par delà le tombeau lui permet de dominer de très haut les intérêts et les plaisirs qui attisent et surexcitent les passions. Sa vision des choses est plus vraie. Peut-être cela le rend-il moins âpre au gain et moins agile dans la recherche du progrès matériel. L'allure plus lente de la marche civilisatrice, qui en résulte, préserve du moins la société des troubles et des vertiges, conséquences inévitables de la course échevelée vers ce but fascinateur. Là, comme en toutes choses, il faut imiter la nature et procéder avec lenteur, sous peine d'expier un jour ou l'autre sa précipitation. C'est à l'espérance chrétienne qu'il appartient d'enseigner cette sagesse aux hommes.

La vie surnaturelle dégage l'individu travailleur des préoccupations égoïstes, en lui révélant un autre lui-même dans le prochain. Ce prochain se multiplie au sein de la société. Le dévouement, qui sort de la charité chrétienne, grandit de manière à suffire aux exigences de tous. Après avoir confirmé l'homme dans l'esprit et la pratique de la justice, sans laquelle tout travail et toute fonction sociale risquent de sacrifier aux intérêts personnels le bien commun, il le pousse à faire par générosité ce que les autres ne peuvent exiger de lui. La charité stimule puissamment au bien de tous et au progrès.

Le chrétien ne doit jamais perdre de vue les pensées et les sentiments surnaturels dans le travail même le plus humble, par lequel il exerce sa fonction. Il lui faut, en d'autres termes, partout et toujours se comporter en chrétien. Pour lui rendre facile l'accomplissement de ce devoir, l'Eglise a établi des institutions dont elle a fait des accumulateurs de foi, d'espérance et de charité. Elles sont pour la plupart en rapport intime avec la liturgie et s'inspirent de ses pratiques et de ses fêtes. Tel est le culte des saints Patrons.

Ce culte, dans la forme du moins où les âges de foi l'ont connu, est organisé en vue de l'éducation chrétienne du travailleur. Il est éminemment apte à créer en lui et autour de lui l'état d'esprit qui lui convient. Beaucoup parmi ces saints ont exercé euxmêmes la fonction qu'ils sont chargés de protéger. Il y a entre eux et leurs clients une étroite solidarité.

Leur souvenir, qui devient plus facile, est une leçon qui rappelle continuellement de beaux et salutaires exemples. Ils sont tous les délégués du Seigneur auprès de l'homme travailleur.

On les nomme patrons, c'est-à-dire pères. Ils le sont, en effet. Pères, ils savent organiser en famille ceux qu'ils protègent et qui les invoquent. Comment des hommes, appelant père un même saint, ne se traiteraient-ils pas en frères ? Cet esprit familial caractérise tellement ce culte des saints Patrons, que les associations formées en leur honneur prennent le nom de confréries. Ce sont vraiment des fraternités. Le saint Patron fait pour chacune d'elles ce que Jésus-Christ fait pour l'Eglise entière. Or, peut-il y avoir un sentiment plus profitable aux membres d'un même corps social ?

Les saints Patrons s'intéressent évidemment à la prospérité temporelle de ceux qui sont confiés à leur protection. Ils intercèdent en leur faveur auprès de Dieu. Mais le bien des âmes est la première de leurs sollicitudes. Ils agissent sur elles de manière à leur infuser l'esprit chrétien du métier, qu'on pourrait appeler l'âme de la corporation.

Leur culte a jeté dans la vie des classes laborieuses des racines si profondes qu'il survit chez elles aux autres pratiques chrétiennes. On en retrouve les traces dans des milieux qui ont perdu toute religion. Il s'y manifeste par des usages que les générations se transmettent respectueusement les unes aux autres. C'est une étincelle, la seule qui reste, d'une vie surnaturelle éteinte. Il suffirait d'un souffle intelligent et délicat pour étendre de proche en proche le feu dont elle garde le germe. Tout ce qui est fait dans ce sens cause au peuple une vive satisfaction.

Ce qui subsiste de ce culte est fort peu de chose, si on le compare aux manifestations des âges de foi. Les fêtes et les coutumes par lesquelles les travailleurs et leurs familles honoraient les mémoires des saints Patrons, donnaient aux corporations une vie que les syndicats, organisés en vue des seuls intérêts matériels, ne connaîtront jamais. Les récits légendaires ne contribuaient pas moins que les antiques usages à populariser leur souvenir. Cette littérature, qui a germé dans l'esprit des peuples autour d'un saint vénéré, les impressionne beaucoup plus que les faits historiques, soumis par la science à un contrôle sévère. Elle possède quelque chose de leur vie ; ils lui reconnaissent une grâce et une poésie qui leur sont nécessaires. On pourrait avec elle former une *légende dorée des corporations* ; ce serait le complément de leur *rituel et cérémonial.*

Ces recueils livreraient aux observateurs des documents où ils auraient à saisir l'âme des groupements sociaux chrétiens. Sous des phénomènes très variés, ils reconnaîtraient sans peine des aspirations naturelles aux classes laborieuses, que le catholicisme doit satisfaire, s'il veut dominer l'existence et les travaux de leurs membres. Il le peut, puisqu'il l'a fait jadis dans des proportions qui ne se reverront peut-être plus. Le jansénisme du xviiᵉ siècle et le naturalisme issu de la philosophie du siècle suivant ont trop enlevé à la religion ces pratiques et cet esprit qui la faisaient se mêler aisément à la vie réelle du peuple. Elle risque de passer devant lui comme une étrangère. Ce ne sont pas les nouveautés pieuses imaginées depuis qui dissiperont ce préjugé funeste. Sur ce point encore, il faut faire machine en arrière, pour reprendre toutes les traditions perdues.

L'opuscule qui a pour titre *Les saints protecteurs du travail* est conçu dans cet esprit. L'auteur devait être bref. Il s'est borné à des indications sommaires. Qu'on n'aille pas lui demander ce qu'il pense de l'autorité historique des légendes d'où elles sont tirées. Il suffit à son but de prendre des textes hagiographiques, tels que les ont connus les clients des saints Patrons. Son rôle est de constater. On ne peut lui demander plus (1).

Dom **J. M.** Besse.

Abbaye de Saint-Martin de Ligugé, Chevetogne
par Leignon, Belgique.

(1) Les lecteurs qui voudraient de plus amples renseignements sur le culte des saints patrons liront avec profit le livre de M. Louis du Broc de Segange, *Les Saints Patrons des corporations et protecteurs spécialement invoqués dans les maladies et les circonstances critiques de la vie.* Paris, Bloud 2 vol. in-8, qui a fourni à l'auteur du présent opuscule la plupart de ses matériaux.

LES
SAINTS PROTECTEURS DU TRAVAIL

CHAPITRE PREMIER

LES SAINTS PATRONS DES OUVRIERS AGRICOLES

Les *agriculteurs* vénèrent comme leur patron saint Isidore, surnommé le Laboureur, qui cultiva durant toute sa vie une ferme dans le voisinage de Madrid. Il mourut vers 1130. Les habitants de Madrid conservèrent religieusement sa mémoire et l'honorèrent comme le patron de leur cité. Le pape Grégoire XV lui décerna les honneurs de la canonisation en 1622, en même temps qu'à ses trois illustres compatriotes saint Ignace de Loyola, saint François Xavier et sainte Thérèse, et à saint Philippe Néri. L'Eglise célèbre sa fête le 15 mai.

Saint Médard, évêque de Noyon, invoqué par les *cultivateurs*, travailla la terre avec ses parents durant toute sa jeunesse. La piété chrétienne s'est surtout laissé impressionner par des miracles accomplis en faveur des habitants de la campagne que nous raconte son biographe ; enfant, il réussit par un miracle à calmer deux paysans qui se disputaient sur leurs domaines ; des voleurs sont contraints providentiellement de lui restituer les ruches et les bœufs qu'ils lui avaient dérobés. Le jour de son trépas (8 juin vers 557), fut signalé par une de ces pluies chaudes et abondantes que les cultivateurs saluent en cette saison comme une bénédiction céleste.

Les *paysans* de la Belgique honorent plus particulièrement deux Bienheureux, originaires de ce pays : saint Guy d'Anderlecht, qui se loua comme garçon de ferme dans le voisinage de Bruxelles, avant d'être attaché au service de l'église de Laeken en qualité de sacristain (XIᵉ siècle) : sa fête est célébrée le 15 septembre ; sainte Amalberge, vierge, qui vécut au VIIᵉ siècle, et dont les reliques, conservées à Liège, furent dans la suite transférées à Gand. Les cultivateurs liégeois se placèrent sous sa protection, en souvenir d'une inondation arrêtée par ses prières. Elle est honorée le 10 juillet.

Les *agriculteurs bavarois* vénèrent le fils d'un pauvre paysan, saint Engelmar, qui abandonna la maison paternelle pour mener la vie érémitique dans le voisinage de Passau. Un de ses disciples le fit mourir de mort violente vers 1125 (14 janvier). Saint Wulstan, fêté le 30 mai, vécut au commencement du XIᵉ siècle près de Norwick en Angleterre. Il gagnait sa vie en travaillant chez un fermier. Il mourut subitement pendant qu'il fauchait dans une prairie. Cette circonstance a déterminé les cultivateurs de la contrée à se mettre sous sa protection.

La vie de saint Junien, abbé de Mairé-l'Evescault, en Poitou, le proposait aux hommes de la campagne comme un protecteur et un modèle. Le saint homme dut donner à son abbaye une organisation agricole parfaite. La plupart des miracles dont le souvenir est conservé par son biographe, se rattachent d'une façon ou d'une autre aux préoccupations de la vie des champs. Junien, à qui sainte Radegonde avait accordé toute sa confiance et son affection, mourut le même jour et à la même heure qu'elle, le 13 août 587.

Sainte Lucie est honorée comme patronne par les

cultivateurs. Les actes de l'illustre vierge de Syracuse rapportent que l'on dut recourir à des bœufs pour la traîner au lieu de son supplice, et cela sans le moindre succès. C'est évidemment le fait qui a motivé ce choix. L'Église célèbre sa fête le 13 décembre. Les *moissonneurs* de Picardie invoquent saint Pierre ès Liens (1er août). Serait-ce à cause des liens mentionnés dans le nom de la fête et dont ils font un si grand usage ? Ne faudrait-il pas y voir plutôt une simple conséquence de la date de cette solennité, qui se célèbre durant la saison de leurs rudes travaux ? Pendant la récolte, ils implorent l'assistance particulière de saint Grégoire, évêque de Nazianze (9 mai), et des saints martyrs persans Abdon et Sennen, qui moururent à Rome sous la persécution de Dèce (30 juillet). Leurs reliques furent transférées au monastère d'Arles dans le Roussillon (avant 963) ; cet événement marqua la fin d'une série de mauvaises récoltes qui désolaient cette région. Il n'en fallut pas davantage pour que les chrétiens du pays les choisissent comme protecteurs de leurs travaux agricoles.

Saint Antoine, abbé, fêté le 17 janvier, saint Eloi, évêque de Noyon (1er décembre), saint Friard (1er août), qui vivait du travail de la terre avant de s'enfermer dans une cellule de reclus au diocèse de Nantes († 573), saint Exupère, évêque de Toulouse (28 septembre) au commencement du ve siècle, fils de laboureur et laboureur lui-même avant son entrée dans la cléricature, ont été, avec un grand nombre de saints qu'il serait trop long d'énumérer, les protecteurs du travail agricole et les patrons de ceux qui s'y adonnent.

Les *jardiniers*, qui forment parmi les cultivateurs une catégorie très distincte, ont leurs patrons spéciaux. Le plus populaire est saint Fiacre, dont la fête tombe le 30 août. Ce bienheureux, originaire de la Grande-Bretagne, vint en France, comme beaucoup de ses compatriotes, afin de mener la vie religieuse ; saint Faron, qui l'accueillit dans son diocèse de Meaux, lui donna de quoi se bâtir une cellule d'ermite et un oratoire. Un jardin qu'il cultivait lui fournissait les légumes dont il faisait sa nourriture habituelle. Son tombeau devint le but d'un pèlerinage très fréquenté par les fidèles des diocèses voisins. Saint Tryphon, martyrisé en Orient sous la persécution de Dèce (10 novembre), jouit chez les Grecs d'une popularité religieuse qui rappelle celle de saint Fiacre dans le centre de la France. On trouve dans les campagnes de nombreux oratoires élevés en son honneur.

Il n'y a pas à insister sur le culte rendu par les jardiniers aux premiers ancêtres du genre humain, Adam et Eve, dont quelques églises orientales célèbrent la fête le 18 janvier ; le souvenir du paradis où Dieu les plaça l'explique suffisamment. La légende de saint Christophe rapporte que son bâton planté en terre devint immédiatement un arbre chargé de fruits. En beaucoup de lieux, les premiers fruits arrivent à leur maturité vers la fin de juillet, et c'est le 25 de ce mois que l'on solennise la fête de saint Christophe. Ces deux circonstances le désignaient tout naturellement à la piété des jardiniers. Ils honorent encore le saint martyr de Sirmium, Serneu, victime de la persécution de Maximin, qui cultivait un jardin autour de sa cellule d'ermite (23 février) ; saint Urbain, évêque de Langres au ve siècle (2 avril), dont l'intercession était particulièrement efficace entre les intempéries préjudiciables à la culture ; la célèbre vierge romaine sainte Agnès (21 janvier) et saint Sébastien (1).

Le patron le plus connu des *vignerons* est saint

---

(1) On attribue à un pieux calembour le choix de son patronat par les jardiniers de Narbonne. Le mot *celeri* qui se trouve dans l'oraison de sa fête aurait frappé leur attention. *Vide, Domine, infirmitates nostras et, intercedente beato Sebastiano, martyre tuo, celeri nos pietate succurre.* Nous donnons cette opinion pour ce qu'elle vaut.

Vincent, diacre et martyr de Saragosse, au commencement du IV° siècle (22 janvier), dont la protection s'étend à tous les corps de métier qui concourent à la production et au commerce du vin. Faut-il chercher l'explication de ce culte dans une simple assonance (*vin* et *vincent*) ou dans la fonction du diacre qui, à l'autel, verse le vin destiné au sacrifice? Ce dernier sentiment est celui de Dom Guéranger. Parmi les patrons des viticulteurs, nous voyons figurer sainte Geneviève (3 janvier), qui obtint par ses prières une multiplication miraculeuse du vin pendant la construction de la première basilique de Saint-Denys ; saint Jean Porte Latine (6 mai), peut-être au souvenir de la cuve qui servit à son martyre ; sainte Marie-Madeleine, dont la fête (22 juillet) coïncide en Provence avec la maturité d'une espèce de raisins précoces ; saint Urbain Ier, pape et martyr (25 mai), qui se cacha dans une vigne pour se soustraire aux recherches des persécuteurs ; saint Antonin, abbé de Sorrente en Italie, mort en 830 (14 février), qui réussit à créer sur un sol rocailleux un vignoble très réputé dans la suite ; saint Gauthier, abbé de Saint-Martin de Pontoise († 1099, 8 avril), qui est représenté avec un cep de vigne ; saint Verner, fils d'un vigneron du pays de Trèves, martyrisé par les Juifs, le 20 avril 1287.

Ils implorent, pour attirer sur leurs vignobles les bénédictions célestes, un certain nombre de Bienheureux ; l'efficacité de leur intercession a dû se faire sentir en maintes circonstances. Voici les plus connus : saint Séverin († 482, 8 janvier), le célèbre apôtre du Norique, province de l'Autriche actuelle ; saint Urbain, évêque de Langres, et saint Médard, évêque de Noyon, mentionnés plus haut ; saint Grat, évêque d'Aoste, dans les Alpes italiennes, au IX° siècle (7 septembre) ; saint Maurice, martyr d'Agaune (22 septembre) ; saint Mitre, martyr (13 novembre), patron de la ville d'Aix en Provence.

Les *marchands de vin* honorent plus particulièrement : saint Amand (6 février), qui mourut évêque de Maestricht (vers 679), après avoir évangélisé les régions correspondant au nord de la France et à la Belgique actuelle ; saint Martin de Tours (11 novembre) et saint Nicolas de Myre (6 décembre). Les *rouliers*, qui charrient le vin : saint Lubin, évêque de Chartres (14 mars), et saint Eustache, martyr (20 septembre). Les *déchargeurs de vin* : saint Jean-Baptiste (24 juin). Les *tonneliers* : saint Mathias, apôtre (24 février); saint Patrice, qui évangélisa l'Irlande au v° siècle (17 mars); saint Michel archange (8 mai) ; sainte Anne (26 juillet) ; saint Léonard (6 novembre) et saint Étienne (26 décembre).

Les *bergers* et tous ceux qui veillent sur le bétail ont leurs protecteurs spéciaux, ayant pour la plupart exercé cette humble profession. Saint Armogaste, comte romain, à qui le roi des Vandales ariens Genséric imposa la garde des troupeaux de vaches dans le voisinage de Carthage, après lui avoir fait subir de cruels tourments ; il mourut vers 452, le 29 mars. Saint Bénezet, mort le 14 avril 1184, qui avait passé son enfance et sa jeunesse à garder les troupeaux de sa mère dans le Vivarais, avant de fonder l'ordre religieux connu sous le nom de Frères Pontifes. Le grand Thaumaturge de l'Angleterre septentrionale, saint Cuthbert, moine de Mailros et évêque de Lindisfarne (+ 687, 20 mars), qui commença par gagner sa vie en gardant les animaux. Saint Wendelin, d'origine écossaise, qui était berger au service d'un riche propriétaire, lorsqu'il se retira dans la solitude de Tholey, au diocèse de Trèves, où sa cellule d'ermite devint le berceau d'un florissant monastère (+ 22 octobre 1015). Saint Drogon ou Druon, mort reclus à Sebourg, près de Valenciennes (16 avril 1189), qui avait d'abord passé six années à garder les troupeaux d'une dame pieuse. Saint Dominique, abbé de Silos au diocèse de Burgos (Espagne), qui garda les brebis de son père à Canas, avant d'embrasser la vie monastique dans l'abbaye de Saint-Emilien († 20 décembre 1073). Saint Pascal Baylon, qui était berger, lorsque Dieu lui inspira de se faire franciscain († 17 mai 1592).

Les *bergères* honorent plus volontiers sainte Solange, vierge et martyre du diocèse de Bourges (10 mai 880), qui faisait paître, durant son enfance, les brebis de son père ; sainte Geneviève (3 janvier) représentée, depuis le XVIe siècle seulement, avec une houlette de bergère, sans que rien dans sa vie autorise pareille caractéristique ; sainte Néomaye, vierge poitevine, honorée le 14 janvier, dont la vie est inconnue. Elles ont pour patronne officielle sainte Germaine Cousin, morte le 15 juin 1601, qui se sanctifia en gardant les brebis de sa famille.

Les *palefreniers* et *garçons d'écurie* se sont placés sous la protection du pape saint Marcel (16 janvier) qui fut, disent ses actes, condamné à remplir la fonction des esclaves dans les écuries impériales (309), et saint Hormisdas, noble persan, qui fut condamné à un service pareil (8 août). Les *maquignons* ou *marchands de chevaux* sont sous le patronage de saint Eloi (1er décembre) et de saint Louis (25 août). Les *marchands de bœufs* vénèrent comme leur patron saint Honoré de Buzançais, qui exerçait lui-même ce métier. Il mourut à Thenezay, en Poitou, assassiné par l'un de ses domestiques (10 janvier, XIIIe siècle) ; saint Théodard, évêque de Maestricht (12 septembre) ; saint Corneille, pape et martyr (14 septembre), et saint Antoine (17 janvier) sont invoqués au même titre en quelques contrées par ceux qui exercent cette profession.

Bergers et marchands, outre ces saints patrons, font appel à d'autres Bienheureux pour conjurer les maladies du bétail. On pourrait avec leurs noms dresser une litanie assez longue : Saint Antoine ; saint Ambroise (7 décembre) ; saint Beuvon ou Bebon (24 mai 986), qui vécut en pèlerin après avoir vaillamment combattu les Sarrasins dans le diocèse de Fréjus, son pays natal ; saint Bond, qui vécut au viie siècle (29 octobre) ; saint Corneille ; saint Eberhard, berger en Bavière (28 septembre); saint Ferréol (18 du même mois), martyrisé à Vienne en Dauphiné au commencement du ive siècle ; saint Martin, évêque de Tours ; saint Raymond Nonnat, religieux de l'ordre de la Merci, qui s'occupa en Afrique du rachat des chrétiens retenus en captivité par les musulmans (31 août 1240); saint Félix de Nole (14 janvier) ; saint Jean-Baptiste ; sainte Pharaïlde, patronne de la ville de Gand, très populaire dans les Flandres (4 janvier) ; saint Théodulfe, moine du diocèse de Reims, qui employait au travail des champs la plus grande partie de ses journées (1er mai, vi^e siècle) ; saint Blaise, évêque de Sébaste en Arménie (3 février) ; saint Guérin, religieux de l'ordre de Cîteaux et évêque de Sion en Suisse (7 janvier, xiie siècle); saint Mary, ermite mort à Mauriac (8 juin) ; saint Sauve (26 du même mois), qui évangélisa au viiie siècle les campagnes du voisinage de Valenciennes; saint Viance (2 janvier), qui avait rempli les fonctions de palefrenier ; saint Claude (8 novembre), qui abandonna le siège épiscopal de Besançon afin de mener la vie religieuse dans le monastère de Condat, connu depuis sous son propre nom ; saint Gilles (1er septembre) ; saint Mathurin (9 novembre); saint Roch (16 août), et la bienheureuse Christine l'admirable (24 juillet), très honorée à Saint-Trond, au diocèse de Liège.

Les loups ont causé aux bergers de continuelles frayeurs. Ils appelaient à leur aide, suivant les contrées, un certain nombre de saints, dont l'expérience leur avait appris à reconnaître la puissance. Voici quelques noms : sainte Agathe (5 février) ; saint Défendant, soldat romain, martyrisé à Marseille, au commencement du ive siècle (2 janvier); saint Jules, mort à Novare au ve siècle (31 janvier), on allait en pèlerinage à son tombeau, conservé dans

une île du lac Majeur, pour implorer sa protection
contre les loups ; saint Léon, archevêque de Rouen
et apôtre de Bayonne (1er mars) ; sainte Radegonde,
pieuse servante, honorée dans le diocèse d'Augsbourg, qui mourut dévorée par les loups (18 juillet);
saint Ignace de Loyola (31 juillet), en l'honneur duquel les paysans piémontais font des neuvaines pour
être débarrassés de ces animaux ; saint Pierre de
Trévise, à qui les habitants de la contrée attribuèrent
le départ des loups qui infestaient les campagnes
(30 août), et saint Loup, évêque de Sens (1er septembre), invoqué surtout à cause de son nom.

Contre les insectes et les animaux nuisibles à la
culture, les agriculteurs imploraient l'assistance de
saint Magnoald (666, 6 septembre), disciple de saint
Colomban, fondateur et premier abbé du monastère
de Fussen en Bavière, qui exerçait sur les reptiles
et autres animaux malfaisants un grand empire ;
saint Grat, évêque d'Aoste (7 septembre), qui chas-
sait avec de l'eau bénite les taupes, les rats et les insectes des champs ; saint Grégoire, cardinal-évêque
d'Ostie (1044, 9 mai), qui délivra d'une invasion de
sauterelles la Navarre, où il remplissait une mission
apostolique; sainte Eurosie, vierge et martyre à Jacca,
dans les Pyrénées espagnoles (25 juin) ; saint Zénon
et ses compagnons, martyrs romains du IIIe siècle
(9 juillet) ; saint Pantaléon, martyr (28 juillet), et
sainte Quiterie, vierge et martyre (640, 22 mai), dont
le culte est très populaire en Portugal, en Espagne
et dans les provinces méridionales de la France,
étaient plus particulièrement invoqués contre les
sauterelles. Contre les rats, les populations des Ardennes et de l'Allemagne recouraient à sainte Gertrude, abbesse de Nivelles ailleurs on priait ;
saint Ursmer, abbé de Lobbes, dont les reliques
portées en procession arrêtèrent une désastreuse
invasion de mulots. A Tongres, on portait procession-
nellement une clef d'argent, que le saint évêque
Servais (13 mai) aurait reçue de saint Pierre, à tra-

vers les campagnes ravagées par ces bêtes. Le bienheureux Martin de Porres, tertiaire dominicain du couvent de Lima (1639, 5 novembre), passe pour avoir sur ces animaux un pouvoir tel qu'on lui donne dans l'Amérique espagnole le surnom de *Saint aux rats*.

Pour protéger leurs demeures, leurs personnes et leurs récoltes contre le péril de la foudre, les habitants de la campagne mettent leur confiance en sainte Barbe, vierge et martyre (4 décembre) ; en saint Michel archange, à qui les éléments, pense-t-on, doivent être soumis ; en saint Amans, évêque de Rodez et apôtre du Rouergue (4 novembre), et saint Aurélien, second évêque de Limoges (8 mai), qui obtinrent de Dieu la destruction des idoles par la foudre ; en saint Donat, martyr (30 juin), populaire surtout chez les catholiques allemands depuis la translation de ses reliques au collège des Jésuites de Munster-Eiffel (1652) ; en saints Jean et Paul, martyrisés à Rome pendant la persécution de Julien l'Apostat (26 juin) ; en sainte Hélène (18 août), dont le culte est quelquefois associé à celui de sainte Barbe ; en saint Pierre, martyr dominicain (29 avril), qui calma plusieurs tempêtes par son intercession (1) ; dans les saints frères irlandais Lugle et Luglien (VIIe siècle, 23 octobre), martyrisés au diocèse de Boulogne, qui de leur vivant apaisèrent une violente tempête ; en saint Christophe (25 juillet), qui aurait obtenu du Seigneur, avant de mourir, d'après sa légende, une efficacité toute spéciale pour les prières faites en son nom contre la grêle.

Voici les saints invoqués contre les inondations et les pluies trop abondantes : saint Colomban (22 novembre) qui à Bobbio fit rentrer dans leur lit les eaux débordées d'une rivière ; saint Grégoire le Thaumaturge, évêque de Néocésarée (17 novembre),

____

(1) Le jour de sa fête, on bénissait à Plaisance des branches d'olivier placées ensuite dans les champs et les maisons pour en éloigner le feu du ciel.

dont le bâton, planté par lui non loin d'un fleuve très sujet aux débordements, prit racine et devenu arbre fixa aux eaux une barrière infranchissable ; saint Maurille, évêque d'Angers (13 septembre), invoqué contre les inondations de la Loire ; saint Spire, premier évêque de Bayeux (3 août), très honoré dans la vallée de la Seine, à Corbeil, où ses reliques furent transférées ; saint Romain, prêtre de Blaye, disciple de saint Martin et apôtre du Bordelais (24 novembre), invoqué dans la vallée de la Garonne ; saint Ours, évêque d'Aoste (17 juin), qui préserva sa ville épiscopale d'une inondation ; saint Dié, évêque de Nevers et apôtre des Vosges (16 juin), dont le manteau était porté en procession pour écarter les orages et les inondations qui en sont la conséquence.

La liste des saints implorés pour obtenir la pluie ou le beau temps serait trop longue. Nous ne citerons que sainte Scholastique, vierge, sœur de saint Benoît (10 février), qui obtint par ses larmes et ses prières une pluie subite.

Il faut placer, au-dessus des prières adressées à tous ces Bienheureux, les processions de saint Marc et des Rogations instituées dans le but d'appeler sur les biens de la terre toutes les bénédictions du ciel.

CHAPITRE II

LES SAINTS PATRONS DES OUVRIERS DU BATIMENT

Les *architectes* honorent saint Aquila, disciple de saint Paul (8 juillet), en souvenir, probablement, des tentes qu'il confectionnait à l'exemple de son maître ; l'apôtre saint Thomas (21 décembre), qui fit construire lui-même une belle église dans la ville de Sagame convertie par ses prédications ; sainte Barbe (4 décembre), qui fit remanier une tour pour y mettre trois fenêtres. On ne sait trop les raisons qui ont déterminé le choix de saint Sébastien que les *entrepreneurs* ont adopté comme patron (20 janvier).

Ceux qui travaillent à l'extraction de la pierre se sont placés sous la protection de saint Roch (16 août) sans autre raison apparente que son nom. Avec tous les mineurs ils vénèrent sainte Barbe, dont le patronat s'étend à tous les corps de métier où l'on fait usage de la poudre. Le culte qu'ils rendent à saint Eloi, évêque de Noyon (1er décembre), leur vient de la profession des ouvriers en métaux qui a beaucoup de rapports avec la leur. Ils honorent saint Ammon, martyr égyptien (18 janvier), condamné par l'empereur Dèce au travail des mines. Les *marbriers* s'adressent plutôt à saint Clément, pape et martyr (23 novembre), condamné au même travail dans les carrières de marbre de la Chersonèse. Les *tailleurs de pierre* ont pour patrons saint Claude et ses compagnons, martyrs (8 novembre), qui avaient exercé eux-mêmes ce métier ; saint Flore et son frère, saint Laure, martyrisés en Illyrie (18 août), pour une raison semblable ; saint Marin, ermite (4 septembre), qui travailla activement à la reconstruction de la ville de Rimini, avant d'embrasser la vie solitaire ; saint Renaud, moine dans un monastère de Cologne au Xe siècle (7 janvier), chargé par son abbé de la surveillance des tailleurs de pierre occupés aux travaux de l'abbaye et mis à mort par quelques-uns d'entre eux ; saint Étienne, premier martyr (25 décembre), en souvenir des pierres avec lesquelles il fut lapidé ; saint Pierre et saint Roch, à cause de leurs noms.

A ces saints, les *maçons* en ajoutent plusieurs autres : saint Grégoire le Grand (12 mars), qui fit bâtir à Rome et en Sicile un grand nombre de monastères et d'hôpitaux ; saint Marc, évangéliste (25 avril), dont la protection sauva d'une mort certaine un maçon qui tomba de très haut pendant la construction de sa basilique à Venise ; saint Thomas apôtre, pour la même raison que les architectes ; et saint Simon et saint Jude (28 octobre), pour un motif inconnu.

Les *scieurs de long* vénèrent saint Christophe (25 juillet), ce saint, qui est la personnification de la force physique, convenant à des ouvriers qui doivent en déployer beaucoup dans leur travail ; saint Simon, apôtre (28 octobre), condamné au supplice douloureux de la scie, s'imposait à leur dévotion. Nous ne savons pourquoi ils honorent en certains pays saint Balthazar, l'un des rois mages (6 janvier), et saint Cyr et sainte Julitte, martyrs (16 juin).

Les *menuisiers* ont un culte spécial pour saint Gomer (VIIe siècle, 11 octobre), originaire du diocèse de Malines, qui obtint par ses prières qu'un arbre renversé se redressât, afin de calmer l'irritation du propriétaire. Mais leur patron officiel est saint Joseph (19 mars), qui exerçait cette profession, si l'on en croit une tradition fort respectable. Ils vénèrent au même titre sainte Anne, mère de la sainte Vierge (26 août) ; la raison mystique, alléguée par certains, mérite d'être rapportée : sainte Anne a préparé pour le Fils de Dieu le plus précieux tabernacle qui se pût imaginer, Notre-Dame, sa mère. L'époux de sainte Anne, saint Joachim, lui est associé comme patron de ce corps de métier.

Outre sainte Barbe, saint Blaise, saint Christophe et saint Louis, les *charpentiers* vénèrent l'apôtre saint Mathias (24 février) et saint Volfang, évêque de Ratisbonne (994, 31 octobre) qui ont pour attribut l'un et l'autre une hache, c'est-à-dire l'instrument dont se servent sans cesse ces travailleurs. Sainte Colette (6 mars), la célèbre réformatrice des Franciscaines au XVe siècle, était la fille d'un charpentier ; ce qui lui donnait quelque droit au titre de patronne de cette profession. Une confrérie de charpentiers parisiens s'était mise sous la protection de sainte Reine, vierge et martyre en Bourgogne (7 septembre), sans que sa vie présente le moindre fait légitimant cet acte de piété.

Sainte Barbe (4 décembre), dont la protection s'étend à tous ceux qui travaillent en l'air, est la patronne des *couvreurs*. Ils prient encore saint Vincent Ferrier (5 avril), dominicain, qui évangélisa, à la fin du XIVe siècle et au commencement du XVe, plusieurs diocèses de l'Espagne et de la France ; il usa de son pouvoir de thaumaturge en faveur de quelques hommes tombés d'une grande hauteur. Les charpentiers, les couvreurs et les maçons solennisent l'Ascension comme leur fête professionnelle ; en ce jour, le Sauveur du monde s'est élevé au-dessus de terre.

On ne sait quel motif a déterminé les *ramoneurs* à choisir saint Jean-Baptiste pour leur patron, et les *plombiers* à prendre sainte Marie-Madeleine, sainte Catherine et saint Michel. Ces derniers fêtent encore saint Pierre ès Liens (1er août), comme tous les ouvriers qui travaillent les métaux, à cause des chaînes en fer du saint apôtre.

Les *vitriers* ont adopté pour patron saint Clair (18 juillet), martyr dans le Vexin, uniquement à cause de son nom. Les *verriers* de Murano, près de Venise, qui passaient pour les plus habiles du monde, se sont mis sous la protection de saint Marc, (25 avril), si populaire parmi les Vénitiens. Les verriers des autres pays ont suivi leur exemple. Les peintres verriers, comme tous les peintres, honorent saint Luc. Ils célèbrent, en outre, l'un des leurs, le bienheureux Dominicain Jacques d'Ulm (11 octobre), qui pratiqua cet art au XVe siècle.

Les *plâtriers* ont emprunté le culte patronal de saint Pierre et de saint Louis aux maçons ; ils le rendent en outre à saint Barthélemy (24 août), et à saint Blaise (3 février). Les plafonneurs s'adressent à l'archange saint Michel. Les tapissiers ont pour protecteur l'apôtre saint Paul (30 juin), qui tissait les tentures grossières avec lesquelles on faisait les tentes.

Une tradition ancienne veut que saint Luc ait

exercé l'art de la peinture ; on conserverait même un portrait de la sainte Vierge exécuté par lui. C'est ce qui a engagé les *peintres* et tous les ouvriers qui se servent du pinceau à le choisir pour leur patron. Les peintres honorent saint Michel (8 mai) ; ne pouvant adopter pour leur protecteur céleste l'admirable artiste qu'était Michel-Ange, ils lui ont emprunté son propre patron. Les sculpteurs en ont fait autant. Une confrérie de peintres rouennais s'est placée sous le patronat de sainte Marthe (29 juillet). D'autres ont pris pour leur solennité patronale la fête de saint Jean Porte Latine (6 mai) ; l'huile dans laquelle fut plongé le saint apôtre et dont les peintres font grand usage, aura peut-être motivé ce choix. Ils ont trouvé au calendrier deux Bienheureux à qui leur art doit une reconnaissance et ils leur ont demandé de les protéger. Le premier est un moine oriental, saint Lazare, qui excellait à peindre les saintes images ; l'empereur iconoclaste Théophile lui fit expier son zèle éclairé pour la foi véritable par des supplices affreux (870, 23 février). Le second est un moine breton, saint Benoît Biscop (12 janvier) ; il voulut doter l'Angleterre, sa patrie, d'églises semblables à celles qu'il avait admirées à Rome pendant ses pèlerinages. Dans ce but il fit venir d'Italie d'habiles artistes qui l'aidèrent à réaliser son pieux dessein.

Les *sculpteurs* ont les mêmes patrons que les peintres ; ils ajoutent à cette liste saint Claude, martyrisé à Rome avec plusieurs compagnons au commencement du IVe siècle (8 novembre), qui exerçait la même profession. Les tourneurs ont emprunté aux menuisiers le culte de sainte Anne et de saint Gomer. Ils honorent en outre saint Julien l'Hospitalier (29 janvier) et saint Yves (19 mai), on ne sait trop pourquoi. Le culte qu'ils rendent à saint Bernard d'Abbeville, fondateur et premier abbé du monastère de Tiron, au diocèse de Chartres (1117, 14 avril) est motivé par le fait suivant : pendant sa retraite auprès de Robert d'Arbrissel, il apprit d'un compagnon de solitude l'art de tourner le bois. Tout différent est le motif qui les a poussés à se mettre sous la protection de saint Claude. L'abbaye de Condat, qui a adopté le nom de cet illustre saint, se trouve dans une région ou le buis croît en abondance. Aussi les *tourneurs*, qui l'emploient de préférence à tout autre bois, y sont-ils nombreux. Ils ont choisi pour patron le saint populaire du pays.

Saint Éloi (1er décembre), qui exerça le métier d'*orfèvre*, avant de devenir évêque de Noyon et d'évangéliser les campagnes du nord de la France, fut, à cause de cela, le patron préféré de tous ceux qui travaillent les métaux. Saint Pierre partage le même privilège ; ces ouvriers l'honorent sous le titre de saint Pierre ès Liens (1er août), parce que ces liens ou chaînes de fer leur semblent le rattacher à leur profession. Les *forgerons* vénèrent saint Léonard de Noblac, solitaire en Limousin (6 novembre), qui brisa fréquemment les fers des prisonniers se recommandant à son intercession. Le culte de saint Eptade, (24 août), ermite du VIe siècle à Cervin, près de Corbigny (Nièvre), est très répandu parmi les forgerons du Morvan ; il se serait, pense-t-on, substitué de bonne heure au culte que le dieu Vulcain recevait dans ces régions. Au nombre des saints en qui ces ouvriers voient des protecteurs, nous pouvons citer : saint Patrice, saint Éloi, saint Dunstan, saint Ampèle (14 mai), qui travaillait à la forge dans un monastère de la Thébaïde au Ve siècle, et saint Galmier (27 février), qui exerçait le métier de forgeron et de serrurier à Lyon, lorsque ses vertus déterminèrent l'évêque à lui conférer le diaconat.

Les *orfèvres* ont pour patrons saint Éloi, qui est la gloire de leur profession ; sainte Barbe, à cause du feu dont ils se servent ; saint Luc, qu'ils ont emprunté aux peintres, et sainte Anne, qui leur vient des menuisiers ; saint Dunstan, archevêque de Cantorbéry, qui encouragea puissamment les artistes

(988, 19 mai) ; il travaillait lui-même l'or et l'argent, comme un orfèvre habile, pendant les premières année de sa vie monastique ; saint Bernhard, évêque d'Hildesheim, en Saxe (1022, 26 octobre), formé dès sa jeunesse à la pratique des arts, qui exerça sur le développement artistique de l'Allemagne une influence considérable ; on conserve à Hildesheim un candélabre exécuté par lui ; les orfèvres de Naples vénèrent saint Janvier (19 septembre) ; le buste d'argent qui renferme son chef fait grand honneur à l'habileté de leurs devanciers.

Les *pompiers*, qui protègent les maisons contre l'incendie, honorent, en qualité de patron, saint Laurent, diacre et martyr (10 août), généralement invoqué contre le péril du feu ; sainte Barbe (4 décembre), que l'on prie dans les mêmes circonstances ; saint Nicolas (6 décembre), qui ressuscita un enfant mort dans les flammes ; saint Mamert, évêque de Vienne (475, 11 mai), dont les prières éteignirent un incendie. Les pompiers de Picardie s'adressent plus volontiers à saint Firmin ; leurs compatriotes se servent contre les incendies de cierges bénits le jour de sa fête.

On pourrait dresser toute une litanie avec les noms des saints particulièrement invoqués contre le feu : saint Amable (21 juin), sainte Agathe (5 février), saint Anatole, évêque de Cahors (11 octobre), saint Antoine (17 janvier), sainte Austreberte, abbesse de Pavilly en Normandie (10 février), sainte Barbe (4 décembre), saint Défendant (2 janvier), saint Donat (31 juin), saint Erembert, moine de Fontenelle et évêque de Toulouse (14 mai), saint Florian de Lorsch (même jour), saint Gilles, abbé (1er septembre), sainte Godeberte, vierge et patronne de Noyon (11 avril), saint Grat, évêque d'Aoste (7 septembre), saint Josse, abbé dans le diocèse d'Amiens (13 décembre), saint Landry, évêque de Paris (10 juin), saint Laurent (10 août), sainte Lucie (13 décembre), saints Lugle et Luglien (23 octobre), saint Nicolas

(6 décembre), saint Thibaud de Marly, abbé des Vaux de Cernay, au diocèse de Paris (8 juillet), saint Spire, dont les reliques étaient conservées dans une collégiale de Corbeil (1er août), et saint Wasnon (11 octobre), apôtre du Hainaut et patron de la ville de Condé.

CHAPITRE III

SAINTS PATRONS DES OUVRIERS DE L'HABILLEMENT

Les *cardeurs* se sont placés sous la protection de sainte Marie-Madeleine, de saint Roch et de saint Louis, sans que l'on puisse trouver dans la vie de ces Bienheureux de quoi légitimer cette dévotion. Ils ont vu, dans les ongles et les peignes de fer avec lesquels saint Blaise (3 février) eut le corps déchiré par les bourreaux, une ressemblance avec les instruments qui leur servent à nettoyer la laine, et ils l'ont choisi pour protecteur. Leur exemple a été suivi par les fileurs. Ces derniers invoquent en outre sainte Anne et saint François d'Assise. Ils s'adressent aussi à saint Sévère, évêque de Ravenne au ive siècle (1er février), qui exerçait le métier de fileur et de tisserand avec son épouse et sa fille, lorsque les habitants de cette ville le choisirent pour gouverner leur église. La roue qui met en mouvement le rouet des fileuses les a déterminées à prendre pour patronne sainte Catherine d'Alexandrie (25 novembre), qui a dans ses attributs la roue avec laquelle on la supplicia.

Les *tisseurs* et les *tisserands* partagent la dévotion des fileurs pour saint Sévère, saint François d'Assise, saint Blaise et sainte Anne ; sainte Agathe (5 février), la célèbre martyre de Catane en Sicile, aurait, si l'on en croit une certaine tradition, pratiqué dès son enfance l'art de tisser ; de là la protection dont se réclament les tisseurs. Ils honorent en outre saint Antoine, protecteur des animaux qui leur procurent la laine et le poil ; sainte Barbe, sans qu'on puisse alléguer un motif autre que l'application de son nom au poil des animaux ; saint Jean-Baptiste, à cause probablement de l'agneau, qui est sa caractéristique inséparable ; saint Étienne (25 décembre), saint Maurice (22 septembre), sainte Lucie (13 décembre), sainte Radegonde (13 août), saint Lié ou Lætus (5 novembre), moine de Micy près d'Orléans et ermite en Sologne au vi⁰ siècle, dont le nom français a éveillé l'attention de ces ouvriers. Saint Désiré (18 décembre), fils de saint Wanning et moine de Fontenelle au diocèse de Rouen, a été choisi comme patron par les tisseurs de la ville de Gand, où l'on conservait ses reliques ; ceux de Rouen ont pris l'évêque de Saintes saint Vivien (28 août), dont les reliques attiraient un concours de fidèles dans une église de leur cité ; ceux de Valenciennes prirent au xvii⁰ siècle saint Bernardin de Sienne (20 mai). Un franciscain mort à Naples en odeur de sainteté au commencement du xix⁰ siècle, le vénérable Gilles de Saint-Joseph, est en grande vénération parmi les tisseurs de soie de la ville.

Les *fabricants de draps* inscrivent, en plus des patrons des tisserands, sur la liste de leurs saints protecteurs, saint Eustache, martyr (20 septembre), saint Marcel, évêque de Paris (1ᵉʳ novembre) et saint Homobon (13 novembre), marchand tailleur de Crémone, mort en 1197. Les teinturiers et les foulons vénèrent au même titre saint Jacques le Majeur (1ᵉʳ mai), qui fut tué à Jérusalem par un foulon ; saint Ménigne (15 mars), foulon, martyrisé sous la persécution de Dèce, saint Christophe (25 juillet), sainte Hélène (18 août), saint Cyr et sainte Julitte, martyrs (16 juin), saint Waast, évêque d'Arras (6 février), et saint Thibault de Provins (1ᵉʳ juillet).

Saint Clair, évêque de Nantes (10 octobre), et sainte Claire d'Assise (12 août) doivent à leur nom, qui exprime la propreté, d'avoir été choisis comme patrons des *blanchisseurs* et des *blanchisseuses*. Le brasier, sur lequel ils font bouillir la lessive, les a portés à invoquer le martyr saint Laurent (10 août). Sainte Hunna (3 juin), noble châtelaine d'Alsace au vii° siècle, qu'une tradition représente lavant de ses propres mains le linge des pauvres dans l'eau d'une fontaine vénérée depuis lors, était pour eux une protectrice toute désignée. Les *repasseuses* se sont mises sous la protection de sainte Claire et de saint Laurent. Sainte Véronique (4 février) s'imposait à la dévotion des *lingères*, au souvenir du linge qui lui servit à essuyer le visage du Sauveur. Elles vénèrent sainte Anne (26 juillet), parce que leur travail est celui des mères de famille et des ménagères qui ont dans la mère de Notre-Dame un modèle accompli. C'est la pensée de sainte Anne qui a engagé les hommes s'occupant du linge à prendre pour patron son époux saint Joachim.

Les *tailleurs* ont de nombreux protecteurs. Adam et Ève (18 janvier) méritaient la première place, puisqu'ils ont été les premiers à user de vêtements. Saint Barthélemy (24 août), qui est en honneur parmi eux, le doit-il à la peau que les iconographes lui mettent toujours sur le bras, comme un manteau ou un pardessus? Les tailleurs flamands ont adopté pour patron saint Boniface (5 juin). Le pieux Henri-Michel Buch proposa saint Crépin et saint Crépinien (25 octobre) à une confrérie de tailleurs qu'il créa à Paris au xvii° siècle. Saint Homobon, cité plus haut, saint François d'Assise (4 octobre), dont le père était marchand de drap, saint Martin, évêque de Tours (11 novembre), souvent représenté au moment où il partage son manteau, pour couvrir un pauvre grelottant de froid, le bienheureux Martin (1er avril), ermite mort près de Gênes en 1342, qui avait appris dans sa jeunesse le métier de tailleur pour combattre l'oisiveté et gagner de quoi soulager la misère des indigents, avaient bien des titres à la piété de ces ouvriers. On ignore les motifs particu-

liers qui ont pu, en certaines régions, les faire
s'adresser à saint Dominique (4 août), à saint Etienne,
à saint Jean-Baptiste, à saint Louis, à sainte Lucie,
à saint Mathias et à saint Quentin.

Les *ouvrières* qui font la *dentelle* se sont mises
sous la protection de sainte Anne (26 juillet), invoquée d'une manière générale pour tous les travaux
auxquels les femmes peuvent se livrer dans l'inté-
rieur du ménage, et de sainte Elisabeth de Hongrie
(19 novembre). Elles ont un patron tout désigné en
saint François Régis (16 juin), apôtre du Vivarais et
du Velay ; le Puy se trouve au centre d'une région
où la confection de la dentelle fait vivre un nombre
considérable de femmes ; le saint les sauva de la misère en obtenant la révocation d'une ordonnance du
sénéchal du Puy qui leur interdisait ce genre de travail (1640).

Le patron le plus connu des *tanneurs* est l'apôtre
saint Barthélemy (24 août), condamné, nous dit sa
légende, à être écorché vivant, c'est pour conserver
le souvenir de ce supplice affreux qu'on le représente avec sa peau sur le bras. Ils rendent le même
culte à saint Simon, apôtre (28 octobre), qu'ils con-
fondent avec Simon le corroyeur chez lequel Notre-
Seigneur reçut l'hospitalité, et à saint Guillaume de
Norwick (25 mars), enfant, qui travaillait au service d'un tanneur, martyrisé par les Juifs en 1144.
Ils s'adressent encore aux saints Crépin et Crépinien,
à saint Martin de Tours, à saint Blaise et à saint
Sébastien.

Aux saints patrons des tanneurs, les *cordonniers*
ajoutent saint Anian (25 avril), cordonnier d'Alexandrie, gagné par saint Marc à la foi chrétienne et son
successeur sur le siège épiscopal ; saint Névolon
(27 juillet), mort religieux camaldule en 1280, il
avait exercé dans le monde ce même métier de cordonnier ; saint Eusée (15 février), ermite dans le
Piémont, qui gagnait sa vie en faisant des chaus-
sures. Saint Crépin et saint Crépinien (25 octobre),

patrons les plus populaires de ce corps de métier, se livraient au même travail pour n'être à charge à personne, pendant qu'ils évangélisaient le pays de Soissons. Les corroyeurs honorent saint Thibaud de Provins (1er juillet) et quelques patrons des cordonniers. Les bourreliers s'adressent à saint Jean-Baptiste et à saint Eloi.

Les *gantiers* se sont mis sous le patronat de saint Gond ou Gand (26 mai), neveu de saint Wandrille, abbé de Fontenelle ; son nom a déterminé ce choix. Un motif semblable a déterminé les ouvriers en fourrure à prendre sainte Barbe (4 décembre). Les aumussiers ou confectionneurs d'aumusses ont pris saint Sévère de Ravenne (1er février).

Les *chapeliers* se sont choisi des protecteurs parmi les Bienheureux dont le culte est le plus répandu, sainte Barbe, saint Christophe, sainte Geneviève, saint Martin, saint Michel, saint Pierre et saint Clément. Le large chapeau des pèlerins avec lequel on représente toujours saint Jacques le Majeur (25 juillet) les a déterminés à se réclamer de sa protection.

Les *coiffeurs* ont pour patron principal saint Louis (25 août). Ils honorent du même culte saint Patrice, patron des Irlandais (17 mars), sainte Catherine d'Alexandrie (25 novembre). La roue avec laquelle ils repassent leurs rasoirs a peut-être porté leur pensée vers la roue avec laquelle cette sainte a été suppliciée. Les coiffeurs ont prétendu, pendant le Moyen Age, se rattacher au corps des chirurgiens et des médecins ; ils leur ont emprunté deux de leurs patrons les plus autorisés, les saints Cosme et Damien (27 septembre).

CHAPITRE IV

SAINTS PATRONS DES OUVRIERS DE L'ALIMENTATION

Les *meuniers* ont vu dans la roue qui accompagne toujours l'image de sainte Catherine d'Alexandrie, une raison suffisante de la prendre pour patronne. Ils ont choisi saint Victor de Marseille (21 juillet), parce que, nous apprend sa légende, il fut condamné à être broyé par la roue d'un moulin. Saint Ours (28 juillet) et saint Winnoc (6 novembre), auxquels ils rendent ce même culte, ont dans leur vie des circonstances qui l'expliquent. Ce dernier fut un disciple de saint Bertin au diocèse de Thérouanne, aujourd'hui Saint-Omer. Il fonda le monastère de Wormhoudt, dont il fut le premier abbé. Entre autres occupations, le saint homme aimait à mettre lui-même en mouvement la meule à bras qui servait à moudre la farine de l'abbaye. Il mourut en 817. Saint Ours fonda lui aussi un monastère à Loches en Touraine, sur les bords de l'Indre. Il dressa dans la rivière une écluse destinée à fournir à son moulin l'eau nécessaire. Grégoire de Tours raconte un miracle opéré par lui afin de conserver à la chute d'eau toute sa force. Les meuniers honorent en outre sainte Anne, saint Arnould, évêque de Soissons (15 août), saint Jacques le Majeur (25 juillet), saint Léger (2 octobre), saint Martin de Tours et saint Nicolás.

Les *boulangers* vénèrent comme leur principal patron saint Honoré, huitième évêque d'Amiens (16 mai), qui protège tous ceux qui coopèrent à la fabrication du pain, le bienheureux aurait exercé lui-même ce métier, si l'on peut ajouter créance au document du xiv° siècle qui nous l'apprend. Les boulangers de la Belgique et des Pays-Bas ont adopté saint Autbert (16 décembre), évêque de Cambrai, qui vivait au vii° siècle ; c'est pour ce motif qu'on le représente avec un âne chargé de pains et portant lui-même au cou la bourse destinée à recevoir le prix de la livraison. Ailleurs, ils invoquent saint Paul, évêque de Verdun (8 février), qui avait travaillé à la boulangerie de son monastère, avant d'être élevé à la dignité épiscopale ; saint Donat, martyr (30 juin), à qui l'on a recours contre les périls du feu, et les boulangers y sont plus que d'autres exposés dans leur fournil ; saint Michel (8 mai), par suite d'un calembour vulgaire ; et saint Eusice (27 novembre), fondateur du monastère de Celle en Berry.

Les *marchands de pain d'épices* s'adressent à saint Claude (6 juin). Les *pâtissiers*, qui ont emprunté aux boulangers, leurs collègues, le culte de saint Honoré et de saint Michel, et aux cuisiniers celui de saint Laurent, vénèrent encore saint Louis, roi de France, et saint Macaire, abbé (2 janvier). Ce dernier gagnait sa vie en vendant des gâteaux à Alexandrie, avant de revêtir l'habit monastique. C'est en souvenir de lui que certains petits gâteaux, faits avec de la farine d'amandes, ont reçu le nom de macarons. Les *confiseurs* ont pour protecteurs saint Antoine (17 janvier) et saint Mathias (24 février) ; le culte des saints Cosme et Damien (27 septembre) leur vient des droguistes.

Les *bouchers* se réclament de la protection de saint Nicolas, évêque de Myre (6 décembre) ; la résurrection des trois enfants, mis à mort par un boucher, popularisée en Occident par la légende et l'iconographie, explique suffisamment cet acte de piété. Le billot sur lequel les bourreaux coupèrent les mains et les pieds de saint Adrien, martyrisé à Nicomédie au commencement du IVe siècle (8 septembre), et qui lui est donné comme caractéristique, présente assez d'analogie avec celui dont se servent les bouchers, pour qu'ils aient songé à faire de ce Bienheureux leur patron. La nature du supplice infligé à saint Barthélemy (24 août) leur a inspiré la même pensée. C'est par suite d'un simple jeu de mots qu'ils ont adopté le culte patronal de saint Pierre, dont deux fêtes portent le nom de Chaire de saint Pierre à Rome et à Antioche. Ils honorent saint Antoine, sainte Barbe, saint André et le bienheureux Thomas Bellacio (31 octobre), franciscain italien mort en 1447, qui avait exercé leur profession avant de mener la vie religieuse. La célèbre corporation des bouchers de Limoges, qui a survécu à la tourmente révolutionnaire, a conservé son patron, saint Aurélien, second évêque de la ville (8 mai).

Les *charcutiers* honorent la bienheureuse moniale Augustine Rite de Cascia (22 mai), morte en 1456, et saint Antoine abbé. L'animal qui est la caractéristique de ce dernier saint a occasionné cette dévotion.

Les trois patrons des *chasseurs* ont dans leur vie de quoi justifier la confiance qu'ils mettent en leur protection. C'est en chassant, racontent ses actes, que saint Eustache (20 septembre) reçut les premières grâces du ciel. Il était païen et officier supérieur dans l'armée romaine. Comme il poursuivait un cerf, une croix lumineuse, avec l'image de Jésus-Christ, lui apparut entre les cornes de l'animal ; une voix mystérieuse retentit à ses oreilles, pour l'inviter à embrasser la foi chrétienne. Touchante légende, bien propre à élever l'âme des chasseurs. Saint Hubert eut une vision semblable le jour du Vendredi Saint, pendant qu'il poursuivait un cerf dans les forêts de l'Ardennes. La voix qu'il entendit l'exhortait à renoncer au monde et à ses plaisirs. Docile à cet appel, il mena la vie érémitique dans ces mêmes lieux, en attendant son élévation à la dignité épiscopale. Il mourut le 3 novembre 727. Sa cellule d'ermite devint le centre d'un monastère florissant qui porta son nom. C'est encore un incident de chasse qui détermina la vocation à la vie parfaite du bienheureux Conrad de Plaisance, ermite en Sicile et tertiaire de Saint-François (1351, 19 février). Le feu qu'il avait mis à un fourré de ronces où le gibier poursuivi avait trouvé un refuge se communiqua et causa des ravages considérables. Un pauvre paysan, soupçonné d'être l'auteur de cet incendie, allait au supplice, lorsque Conrad vint se dénoncer comme l'unique coupable. On lui fit grâce, et pour réparer sa faute, il donna tous ses biens et embrassa la vie solitaire.

Les saints apôtres Pierre et Paul, qui étaient occupés à la pêche lorsque le Seigneur les invita à le suivre, sont depuis fort longtemps considérés comme les patrons des *pêcheurs* ; on ne saurait dire pourquoi ils honorent saint Louis, roi de France (25 août), sainte Barbe (4 décembre) et saint Nicolas (6 décembre). Saint Parténius (7 février),évêque de Lampsaque, avait exercé d'abord cette profession ; on s'explique la dévotion que les pêcheurs lui portent. Les populations des îles Orcades, qui vivent du produit de la pêche, se mettent sous le patronat de saint Magne (1106, 16 avril), dont le culte est très répandu parmi elles. Saint Vincent (22 janvier) est invoqué par ceux qui désirent faire une pêche abondante.

Ceux qui font le beurre invoquent sainte Pharaïlde(4 janvier),qui est une protectrice du bétail dans le Hainaut et les Flandres,où abondent les pâturages ; saint Léonard (6 novembre),à qui l'on s'adresse également pour obtenir une pluie favorable aux prairies ; saint Christophe (25 juillet) et la bienheureuse Julienne, sœur converse camaldule, morte le 17 juin 1105. La même bienheureuse est honorée par les fabricants de fromage. Ils prient en outre saint Luguzon ou Uguzon (12 juillet), martyr au diocèse de Côme, qui gardait les troupeaux ; on le représente tenant un fromage destiné aux pauvres.

Les *fabricants d'huile* ont emprunté aux boulangers la dévotion à saint Honoré. Leurs patrons principaux sont saint Jean l'Evangéliste et saint Nicolas. L'huile bouillante dans laquelle le premier fut plongé a déterminé leur choix ; aussi célèbrent-ils la Saint-Jean-Porte-Latine (6 mai). Ils honorent saint Nicolas (6 décembre) à cause de l'huile qui coule de son tombeau, connue sous le nom de manne de saint Nicolas.

Sainte Marthe (29 juillet), l'hôtesse du Sauveur, est la patronne des *cuisiniers* ; ils se souviennent de l'empressement qu'elle mettait à préparer le repas du Maître. Ils vénèrent au même titre sainte Barbe (4 décembre), qui veille, on s'en souvient, sur tous ceux qui travaillent avec le feu; saint Laurent(10 août) et saint Jean de Prado (24 mai), à cause des tortures qu'on leur fit endurer. Ils furent condamnés, le premier à Rome au III° siècle, et le second au Maroc en 1636, à brûler sur un gril. Le gril et le feu jouent dans l'existence des cuisiniers un rôle trop important pour qu'ils aient négligé de se mettre sous la protection de ces deux martyrs. Ils se recommandent aussi à saint Pascal Baylon (1592, 17 mai), franciscain, qui dut remplir au couvent ce modeste office, et au bienheureux Sylvestre (1348, 9 juin), frère convers du monastère camaldule des Anges à Florence, qui reçut en travaillant à la cuisine des faveurs extraordinaires. Les cuisiniers traiteurs et rôtisseurs de Rouen et de la Normandie avaient accepté le patronat de l'un des saints les plus honorés de la région, saint Ouen (24 août).

Les *domestiques* se sont mis sous la protection de saint Onésime (16 février), l'esclave fugitif de Philémon, que saint Paul renvoya à son maître, après l'avoir converti ; il devint plus tard évêque d'Ephèse. Ils vénèrent encore saint Vital (4 novembre), serviteur de saint Agricole, avec lequel il fut martyrisé au commencement du IV° siècle.

Les *servantes* ont des patronnes plus nombreuses, nous trouvons au premier rang la célèbre martyre lyonnaise sainte Blandine (2 juin), esclave de profession, qui souffrit en même temps que saint Pothin et un certain nombre de fidèles. Viennent à la suite sainte Agathoclie (17 septembre), esclave martyrisée par ses maîtres ; sainte Catherine d'Alexandrie (25 novembre), qui, ayant refusé de se marier, passe pour la protectrice des vieilles filles, parmi lesquelles on peut mettre la plupart des servantes ; sainte Marthe (29 juillet), qui eut l'honneur de servir Jésus-Christ en personne ; sainte Sérapie, vierge et martyre du II° siècle (3 septembre), qui gagna sa maîtresse, nommée Sabine, à la foi chrétienne ; sainte Zite (27 avril), servante à Lucques, qui passa toute sa vie au service des mêmes maîtres et se fit remarquer par son irréprochable fidélité, sa piété et son ardent amour des pauvres, elle mourut en 1278 ; sainte Colette (6 mars), qui dans tous les monastères où elle vécut se considéra comme l'humble servante de ses sœurs, et la bienheureuse Etiennette Quinziani, tertiaire dominicaine, morte le 16 janvier 1530 dans les Etats de Venise, qui exerçait auprès des jeunes servantes son apostolat et sa charité. Les domestiques des deux sexes se recommandent à saint Martin de Tours (11 novembre), parce qu'ils entrent d'ordinaire en service chez leurs nouveaux maîtres à l'époque de sa fête.

Les *aubergistes* et les *maîtres d'hôtel* ont adopté pour protecteurs saint Gentien (11 décembre), martyr à Amiens, qui reçut dans sa maison les deux saints apôtres du pays, Fuscien et Victoric ; saint Théodote (18 mai), pieux cabaretier, qui dérobait aux persécuteurs les corps des martyrs pour leur donner une digne sépulture, ce qui lui valut la grâce d'être lui-même martyrisé ; sainte Marthe, l'hôtesse du Sauveur, et saint Zachée (20 août), qui le reçut chez lui ; saint Julien l'Hospitalier (29 janvier), qui construisit un hospice sur les bords d'un fleuve pour héberger les pauvres voyageurs ; saint Martin de Tours, patron de ceux qui voyagent et par conséquent de ceux qui les reçoivent. Il faut ajouter à cette liste saint Jean (24 juin), mis à mort durant un festin, et le saint patriarche Abraham (9 octobre), qui reçut les trois anges envoyés de Dieu.

CHAPITRE V

SAINTS PATRONS DES VOYAGEURS

Les *pèlerins*, qui entreprennent un voyage pour un motif pieux, se mettent plus particulièrement sous la protection du saint honoré dans le sanctuaire vers lequel ils se dirigent. Il n'en est point parmi eux que ces voyageurs aient plus honoré que saint Jacques l'apôtre (25 juillet) ; cela tient à la célébrité de son sanctuaire de Compostelle, au nombre considérable des pèlerins qui y affluaient de tout l'Occident, aux institutions hospitalières et même militaires établies soit pour les héberger, soit pour leur garantir la sécurité des chemins, et aux souvenirs très populaires qui subsistent encore de ces fameux pèlerinages. Saint Martin (11 novembre), dont la basilique tourangelle avait pour les pèlerins du Moyen Age un grand attrait, et saint Nicolas, évêque de Myre (6 décembre), dont le tombeau attirait à Bari des foules de pèlerins, ont été l'objet de la même vénération. Le culte rendu à saint Alexis (17 juillet) est sorti directement de sa légende, qui nous le montre abandonnant la maison de famille le soir même de son mariage, entreprenant toute une série de pèlerinages lointains et passant les dernières années de sa vie comme un pauvre étranger dans la propre maison de son père à Rome. Il en est de même de celui de saint Mathurin de Larchant (9 novembre), qui mourut dans la ville des saints apôtres, où il était allé en pèlerinage. Les pèlerins, comme tous les autres voyageurs, se recommandent à saint Julien l'Hospitalier (29 janvier), afin d'obtenir par son entremise la faveur d'une charitable hospitalité.

Le patron préféré des *voyageurs* est l'archange Raphaël (24 octobre), que le Seigneur envoya au jeune Tobie pour l'accompagner dans son voyage et le ramener sain et sauf au foyer paternel ; les prières liturgiques pour l'itinéraire renferment un appel à sa protection. Ils vénèrent saint Joseph (19 mars), qui fut le guide et le soutien de l'enfant Jésus et de sa mère pendant leur fuite en Egypte ; saint Martin de Tours, qui eut à faire de longs et fréquents voyages. Les voyageurs allemands invoquaient de préférence sainte Gertrude de Nivelles (17 mars) ; ils ne se mettaient jamais en route sans avoir bu un verre en son honneur. Ceux de l'Italie méridionale s'adressent à saint Antoine de Padoue (13 juin), dont les courses apostoliques en Portugal, en Italie et en France sont restées célèbres ; des faveurs extraordinaires ont augmenté la confiance que l'on mettait en sa protection.

Si les voyages devaient être longs, les chrétiens réclamaient l'assistance des rois Mages (6 janvier), qui eurent à franchir des distances considérables pour se rendre à Bethléem et revenir dans leur pays. Saint Christophe (25 juillet) était invoqué lorsqu'il s'agissait d'une excursion longue et périlleuse à travers monts et vallées ; on en trouve la raison dans ce fait rapporté par sa légende : s'étant converti après avoir longuement voyagé, il s'installa, sur l'invitation d'un pieux ermite, près d'un fleuve difficile à traverser, afin de guider ou de transporter les voyageurs d'une rive à l'autre ; il s'acquitta de cette tâche jusqu'au jour de son martyre. C'est pour ce motif que les *passeurs* de rivières l'ont adopté pour leur patron. Ce que nous avons dit de saint Julien l'Hospitalier explique suffisamment pourquoi ils se sont mis aussi sous son patronat.

Ceux qui voyagent à cheval se recommandent à saint Georges (25 avril) et à saint Martin de Tours, parce que ces deux saints sont presque toujours représentés eux-mêmes à cheval. Les *cochers* et les *charretiers* ont pour patron saint Éloi (1er décembre), est-ce en souvenir du cheval qu'il montait pendant sa vie et auquel son biographe consacre un chapitre entier ? Ne serait-ce point plutôt une extension du culte que lui rendent les *maréchaux ferrants* ? D'après un récit légendaire très connu au Moyen Age, saint Éloi ferrait de son métier les chevaux. Sa réputation d'habileté le rendait fier plus que de raison. Jésus-Christ, voulant lui donner une leçon d'humilité, vint travailler à sa forge et devant lui ferra un cheval d'une manière inusitée, en lui coupant le sabot qu'il recolla au pied après l'avoir tranquillement muni d'un fer. Saint Éloi, voulant l'imiter, fut incapable de recoller le sabot de l'animal. Jésus-Christ, déguisé en ouvrier, vint à son aide et souligna la leçon d'hu-

milité qu'il lui donnait ainsi. Saint Éloi lui dit :
« C'est toi qui es le maître et c'est moi qui suis le
compagnon ». A ces mots, il reconnut à qui il avait
affaire et il se prosterna devant lui.

Ces fictions naïves se conservent mieux dans l'esprit du peuple que les récits historiques les plus
fondés. Elles ont pour une large part contribué à
maintenir chez lui le culte et l'admiration des saints.
Ces légendes sont la vie posthume des saints dans
l'âme et la vie des foules. On peut et on doit les trai-
ter avec respect, sans y chercher toutefois le moindre
vestige de la vérité historique.

Les *conducteurs de voitures* ou de chars traînés
par les chevaux vénèrent encore comme patrons saint
Vulmar, abbé de Samer dans l'ancien diocèse de
Boulogne (20 juillet), et saint Richard, évêque de
Chichester en Angleterre (3 avril). Ce dernier se fit
charretier dans sa jeunesse pour gagner sa vie et
aider son frère aîné à refaire la fortune familiale très
compromise. Il alla ensuite étudier à Oxford, en
attendant que saint Edmond, archevêque de Cantorbéry, le prît au service de son église. Saint Vulmar
conduisait les chariots du monastère. Nous ne savons la raison qui a porté les charretiers à se mettre
sous le patronat de saint Roch (16 août) ; à Rome,
une confrérie de cochers adopta pour patronne sainte
Lucie (13 décembre).

Les *marins* et tous ceux qui voyagent sur les
eaux sont exposés à des dangers continuels. Les Bretons se recommandent à sainte Anne (26 juillet) pour
obtenir une heureuse traversée et surtout aux heures
du péril. De nombreux miracles lui ont valu la reconnaissance des matelots et des marins. C'est ce qui
a le plus contribué à répandre son culte parmi les
populations côtières de la Bretagne. Les marins de
Catalogne se mettent sous la protection de sainte
Eulalie, vierge et martyre (12 février), particulièrement vénérée à Barcelone dans une église bâtie près
de la mer, où ses reliques sont conservées. Ceux de

Normandie et de Picardie ont grande confiance en saint Vulfran (20 mars), archevêque de Sens, qui abandonna son siège épiscopal pour mener la vie religieuse dans l'abbaye de Fontenelle et aller ensuite évangéliser les Frisons. Il est particulièrement vénéré à Abbeville dans l'église qui porte son nom et où reposèrent ses reliques à partir du XIe siècle. Les miracles accomplis par lui et les sauvetages obtenus après sa mort par son intercession témoignent de son empire sur les flots. Saint François Xavier (3 décembre) est vénéré au même titre ; les nombreux voyages apostoliques qu'il fit par mer en Extrême-Orient expliquent son culte. Il eut occasion d'apaiser par ses prières des tempêtes violentes. Des marins, qui depuis l'ont invoqué dans des moments de détresse, lui ont attribué leur salut inespéré.

Sur les côtes d'Angleterre, on s'adresse au saint évêque de Lindisfarne, Cuthbert (20 mars). Les matelots ont maintes fois ressenti les effets de sa protection. Saint Erasme (2 juin), évêque et martyr au commencement du IVe siècle, est très populaire chez les marins d'Italie, de Portugal et d'Espagne. Leur dévotion a pour point de départ le récit d'un voyage miraculeux fait en Méditerranée sur une barque conduite par un ange, que sa légende raconte. Des traits nombreux attestent l'efficacité des prières qui lui étaient adressées pendant les tempêtes. On le connaît plus généralement sous le nom de saint Elme. C'est aussi le surnom d'un autre patron des marins, qui vivait au XIIIe siècle, le dominicain espagnol saint Pierre Gonzales (15 avril). Il exerça un apostolat très fécond dans les diocèses qui s'étendent le long du golfe de Gascogne depuis Tuy et Compostelle jusqu'à Bayonne. Les marins étaient ses fidèles préférés. Il en convertit un grand nombre à une vie plus sérieusement chrétienne. C'est en leur faveur qu'il manifesta surtout son pouvoir de thaumaturge. Il mourut en Galice (1248). Des confréries de marins se sont formées un peu partout dans la péninsule espagnole sous son patronat. Voici une oraison en son honneur prise dans un ancien bréviaire de ce pays : *Deus, qui in maris periculis constitutis beati Petri opem singularem ostendis, ejus nobis intercessione concede, ut in hujus vitæ procellis tuæ gratiæ lumen semper affulgeat, quo æternæ salutis portum invenire valeamus.*

Saint Léon, apôtre de Bayonne (1er mars), est en honneur parmi les marins de cette côte, en souvenir probablement de la manière dont trouvèrent leur juste châtiment dans une tempête des pirates qui l'avaient assassiné (v. 900). Les marins de la Gironde s'adressent à saint Romain de Blaye (24 novembre). Voici ce qu'en écrit saint Grégoire de Tours : « Ceux qui sont en danger de périr dans les flots ne manquent jamais d'invoquer le saint et de dire : Ayez pitié de nous, saint Romain, confesseur de Dieu. Leur prière ne reste jamais sans être exaucée, car la tempête s'apaise miraculeusement. Nous avons nous-même éprouvé l'assistance du bienheureux dans un très grave péril. Nous étions embarqué sur le fleuve de la Garonne, dont le vent soulevait les flots, et nous allions être submergé, lorsque le saint confesseur invoqué par nous, nous vint en aide, apaisa la tempête et nous conduisit sain et sauf au rivage (1). » Les marins de l'embouchure de la Loire invoquent saint Alain, évêque de Nantes (10 octobre) ; ceux de la Somme ont recours à saint Valery (1er avril). Il ne faut pas en chercher le motif ailleurs que dans la grande dévotion des fidèles de la contrée pour ces deux saints. Les navigateurs de la Prusse rendaient un culte plein de confiance à un franciscain leur compatriote, le bienheureux Jean Lobedan, mort le 9 octobre 1264. La puissance de son intercession en faveur des navires en détresse donna lieu à une légende touchante. Quand, au milieu des nuits obscures, les matelots, effrayés par une mer mauvaise,

_____

(1) GRÉGOIRE DE TOUR, *Liber de gloria Confessorum*, 45, éd. Arndt et Krusch, 776.

l'appelaient à leur secours, il leur apparaissait un flambeau à la main et les accompagnait ainsi jusqu'au port. L'oraison suivante atteste son empire sur les flots : *Deus, cujus obedientiæ aquæ et venti semper subjacent, tribue per intercessionem beati Johannis Thoruniensis omnibus navigantibus prospere quo tendunt pervenire et in domos suas cum gaudio reverti.*

Voici quelques autres saints invoqués par les marins et les mariniers : saint Clément, pape et martyr (23 novembre), qui fut conduit en pleine mer et jeté à l'eau avec une ancre au cou ; saint Vincent (22 janvier), dont le corps jeté, après son martyre, en pleine mer avec une pierre énorme, fut miraculeusement ramené au rivage ; sainte Christine, vierge et martyre (24 juillet), qui fut précipitée dans le lac de Bolsène avec une meule attachée au cou et ramenée par une force céleste sur la rive ; sainte Amelberge (10 juillet), dont les reliques furent transportées à Gand sur un bateau qui remonta le courant de l'Escaut remorqué par une force invisible ; saint Nicolas, qui calma une tempête durant son voyage par mer à Alexandrie. Le culte de ce dernier saint était très répandu parmi les marins du nord de l'Europe ; il aurait, semble-t-il, pris la place dans leur esprit d'une divinité païenne, connue sous le nom de Nichus et qui exerçait son empire sur la mer et les fleuves.

Nous allons clore avec les noms suivants cette longue liste des Bienheureux invoqués par ceux qui s'exposent au péril des eaux : saint Maximin, évêque de Trèves (29 mai), qui sauva du naufrage un marin frison ; saint Sané, abbé d'un monastère dans le diocèse de Saint-Pol de Léon (6 mars), qui ressuscita par ses prières plusieurs naufragés ; la bienheureuse Catherine Thomas (1er avril), chanoinesse régulière de l'Ordre de Saint-Augustin, morte dans un monastère de Palma en 1574, invoquée avec beaucoup de confiance par les marins de l'île Majorque ;

sainte Marie de Cervellon (19 septembre), tertiaire de l'Ordre de la Merci, morte en Catalogne (19 septembre), qui annonçait d'avance les tempêtes et souvent les calmait par ses prières ; on la vit plus d'une fois marcher sur les flots pour aller au secours des naufragés.

Le culte le plus répandu parmi les marins de tout pays catholique est celui de la Sainte-Vierge ; on voit généralement auprès de chaque port un sanctuaire où ils viennent se mettre sous sa protection avant le départ et lui dire leur reconnaissance au retour, s'ils ont échappé au naufrage.

<h1 style="text-align:center">CHAPITRE VI</h1>

SAINTS PATRONS DES ARMÉS DE TERRE ET DE MER

Les *armées chrétiennes* ont pour principaux patrons saint Martin de Tours (11 novembre), saint Maurice (22 septembre) et saint Georges (23 avril). Saint Martin, qui était fils d'un vétéran, fournit une assez longue carrière militaire avant de se retirer dans la solitude de Ligugé. Il donna pendant ce temps l'exemple de toutes les vertus. Son acte de charité envers le pauvre d'Amiens et la bravoure qui lui valut son congé l'ont rendu populaire. Saint Maurice, après avoir rendu aux empereurs romains le service qu'il leur devait, leur préféra la fidélité au Christ et il aima mieux mourir avec sa légion que sacrifier aux idoles. Entre autres merveilles racontées par la légende de saint Georges, le récit de sa lutte contre le dragon, auquel il enleva la fille d'un roi dont le monstre allait se repaître, lui a donné en Orient et en Occident une grande popularité.

Les *fantassins* vénèrent saint Adrien (8 septembre), qui commandait la garde impériale. Il souffrit le martyre à Nicomédie au commencement du IVe siècle. Saint Démétrius (8 octobre), auquel ils s'adressent encore, est une victime de la même persécution de Maximin. Pendant qu'il remplissait à Thessalonique les importantes fonctions de proconsul, il usait de son influence pour gagner au christianisme de nouveaux adeptes. C'en fut assez pour lui mériter l'honneur du martyre. Les soldats l'honorent en souvenir de son intervention en faveur de l'armée chrétienne, au siège de Thessalonique, où on le vit à cheval précéder les troupes et les conduire à la victoire. Saint Ignace de Loyola (31 juillet), un autre patron des soldats, exerça longtemps le métier des armes. Il sut conserver son allure militaire durant toute sa vie ; ses œuvres et surtout la Société de Jésus, fondée par lui, s'en ressentent.

Les *cavaliers* ont une dévotion particulière à saint Martin et à saint Georges que l'on représente toujours à cheval. Sainte Barbe est la grande patronne des artilleurs (4 décembre) ; cette sainte, on s'en souvient, est invoquée contre la foudre ; c'est l'analogie des effets du tonnerre et de ceux de la poudre qui a déterminé ce choix. Elle veille sur les forteresses, les parcs d'artillerie et les magasins à poudre, qui dans la marine sont appelés de son nom *Sainte-Barbe*.

Pendant les guerres, les armées et les peuples qu'elles défendent demandent à Dieu la victoire par l'intercession de quelques bienheureux. Chaque nation a les siens ; ce sont d'ordinaire ses patrons les plus honorés. Les récits du Moyen Age rapportent avec complaisance leur intervention miraculeuse ; c'est à eux que les fidèles attribuaient les victoires de l'armée chrétienne sur les mécréants. Les croisés mirent leur confiance en saint André (30 novembre) après le siège d'Antioche. Une multitude innombrable de Sarrasins entouraient la ville. Les assiégés ne pouvaient leur tenir tête. C'est alors que l'apôtre manifesta sa puissance. Il leur montra le lieu où était cachée le lance avec laquelle Longin avait percé le côté du Sauveur, leur enjoignant de la porter au

combat. La sortie qu'ils effectuèrent alors jeta l'ennemi dans une déroute complète (1098). La France
se fiait à saint Michel, à saint Martin et à saint Denis.
Voici la prière qu'Anne d'Autriche adressait à saint
Michel au nom de Louis XIV, encore mineur : « Glorieux saint Michel, prince des milices célestes et général des armées de Dieu, je vous reconnais tout-
puissant par lui sur les royaumes et sur les Etats ;
je me soumets à vous avec toute ma Cour, mon Etat,
ma famille, afin de vivre sous votre sainte protection,
et je me renouvelle autant qu'il est en moi dans la
piété de mes prédécesseurs, qui vous ont toujours
regardé comme leur défenseur particulier. Donc
pour l'amour que vous avez pour cet Etat, assujettis-
sez-le tout à Dieu et à ceux qui le représentent. »
C'est par l'intermédiaire et sous la protection de
l'archange Michel que Jeanne d'Arc reçut et accom-
plit sa mission glorieuse. La chape de saint Martin
fut le palladium des armées franques durant la pé-
riode mérovingienne. Sous les Carolingiens et les
Capétiens, saint Denis veilla sur les destinées militaires de la nation. Son oriflamme servait d'étendard
à l'armée. Montjoye-Saint-Denis était le cri de guerre.

Les Espagnols invoquent de préférence saint
Jacques le Majeur (25 juillet). Son nom se présente
fréquemment sous la plume des historiens qui racontent leur croisade de huit siècles contre les Mau-
res. On ne cite pas moins de quinze apparitions du
saint apôtre sur les champs de bataille pour assurer
la victoire aux chrétiens. La première eut lieu en
844. Le roi Ramire, qui combattait Abdérame II, le
vit monté sur un cheval blanc, tenant un étendard
de même couleur et de l'autre un glaive qui lui servait à frapper les mécréants. Les Espagnols, con-
fiants en sa protection, avaient choisi cette invocation
pour cri de guerre : Saint Jacques, au secours !
l'Espagne combat. Le souvenir des victoires rempor-
tées grâce à lui est resté profondément gravé dans
l'âme de la nation. Il reste le type de la force : Fort

comme un *Santiago*, disent encore les Espagnols. Ils le représentent souvent à cheval, flamberge au vent et fondant sur l'ennemi.

Les Allemands s'adressent à saint Georges pour obtenir la victoire. L'empereur Frédéric Barberousse fut assisté par lui durant son expédition en Terre Sainte. Saint Henri triompha, grâce à sa protection, des Polonais et des Esclavons qui étaient encore païens. Saint Étienne, roi de Hongrie, lui attribua la défaite de ses sujets infidèles qui s'étaient révoltés contre lui. Les Aragonais le virent combattre avec eux contre les Musulmans. Son culte est surtout populaire dans l'armée anglaise. Les chevaliers du Moyen Age avaient pour lui une ardente dévotion. Voici une oraison que l'évêque récitait jadis, en armant un chevalier ; le nom de saint Georges y est uni à ceux de saint Maurice et de Saint Sébastien : *Domine Deus qui conteris bella, et adjutor et protector es omnium in te sperantium, respice propitius invocationem nostram, et per merita sanctorum martyrum tuorum et militum Mauritii, Sebastiani et Georgii, præsta huic viro victoriam de hostibus suis et salva eum tuo gratuito munere, qui dignatus es hominem redimere pretiosissimo tuo sanguine.*

Saint Stanislas, évêque de Cracovie (7 mai), mis à mort par le roi Boleslas II (1079), fut de très bonne heure considéré comme le patron des Polonais. Ce peuple, qui servit longtemps de rempart à la chrétienté occidentale, avait une invincible confiance en lui dans toutes ses luttes contre les infidèles. Saint Casimir, de race royale, qui mourut le 4 mars 1483, à l'âge de 25 ans, fut aussi le protecteur de l'armée polonaise aux prises avec les Moscovites. Elle avait à défendre la ville de Polozck, subitement assiégée par des ennemis nombreux (1518). Un jour de bataille, un cavalier inconnu prit la tête des troupes et les conduisit à la victoire. Ce cavalier n'était autre que Casimir. Ses compatriotes lui attribuèrent une nouvelle victoire remportée l'année suivante sur soixante mille Moscovites qui envahissaient la Lithuanie.

Les habitants du Beauvaisis mettaient en temps de guerre leur confiance dans leur patronne, sainte Angadrême (14 octobre). Elle protégea leur capitale de l'invasion normande. Son intervention se fit remarquer plusieurs fois durant la guerre de Cent ans. La ville conserve le souvenir de sa délivrance merveilleuse en 1472. Une armée bourguignonne, forte de quatre-vingt mille hommes et conduite par Charles le Téméraire, assiégeait Beauvais. Toute résistance parut bientôt inutile. Les habitants, que la perspective du pillage effrayait, s'adressèrent à la Bienheureuse. Une procession fut organisée, escortant la châsse de sainte Angadrême, portée par des jeunes filles ; elle fit le tour des remparts. Cette sortie de la bienheureuse patronne échauffa le courage des défenseurs de la cité jusqu'à l'héroïsme. Les femmes rivalisaient d'ardeur avec les hommes. Jeanne Laîné, surnommée Hachette, se fit remarquer par sa bravoure. Les Bourguignons durent lever le siège.

L'histoire militaire de la plupart de nos villes importantes relate des victoires et des délivrances dues à la protection de leurs saints patrons. Nous n'avons pas à les raconter ici.

Les *armuriers* et fabricants d'armes vénèrent quelques-uns des patrons de l'armée, saint Georges et sainte Barbe. Ils ont en outre saint Marcien, (4 janvier), martyrisé en Afrique durant la persécution vandale, qui exerçait la profession d'armurier. Saint Guillaume d'Aquitaine (10 février) est en grande vénération parmi eux. Voici le motif : pour expier ses fautes, il se couvrit d'un vêtement des plus extraordinaires, qui se composait d'une haire et d'une armure faite à sa taille. Ainsi bardé de fer, il entreprit le pèlerinage de Jérusalem et alla se réfugier dans une solitude de l'Italie.

Ceux qui aiguisent les épées et les maîtres d'armes se sont mis sous le patronat de saint Michel (8 mai). Le glaive flamboyant qu'il tient à la main leur en a suggéré la pensée.

Les ouvriers qui travaillent dans les arsenaux honorent plus particulièrement le patriarche Noé, dont la fête est célébrée par quelques églises d'Orient le 10 novembre ; il a, de fait, construit l'arche, qui est le plus grand des vaisseaux.

Les *arbalétriers* et les *frondeurs* n'entrent plus à ce titre dans le cadre de l'armée. Ils continuent en certaines régions à se servir de l'arc ou de la fronde pour exercer leur habileté et se distraire. Mais ils jouaient un rôle important au Moyen Age. Leurs compagnies se choisissaient des patrons. Les frondeurs avaient saint Étienne (26 décembre), qui fut tué à coups de pierre. Les arbalétriers se contentèrent souvent des patrons communs aux soldats. Ceux de Condé formèrent une compagnie qui se plaça sous la protection de saint Wasnon (11 octobre), patron de la ville. Ils invoquaient tous saint Sébastien, qui eut le corps transpercé de flèches.

CHAPITRE VII

LES SAINTS PATRONS DES PROFESSIONS LIBÉRALES

Les *avocats* de Paris avaient pour patron saint Nicolas (6 décembre). Leur exemple était suivi par leurs collègues de la plupart des villes de France. Toutes les fois que la confrérie prenait part à une manifestation publique, le chef portait un bâton, insigne de son autorité, que surmontait la statue du Bienheureux. Cet usage lui valut le nom de bâtonnier, qui est resté au président du conseil de l'ordre des avocats dans chaque ville. Certaines de leurs confréries avaient adopté le patronat de sainte Catherine d'Alexandrie (26 novembre). Elles mettaient aux mains du président une bannière, au lieu d'un bâton. Leur protecteur le plus connu et en même temps leur modèle est saint Yves, mort le 19 mai 1303. Son zèle à défendre les causes des pauvres gens est resté légendaire. Il était en outre le patron et le modèle des curés de campagne. Voici une prière qu'on adressait à Dieu pour ses protégés : *Deus, qui S. Yvonem pauperum patronum et verbi prædicatione eximium parochiarum curatis et causarum advocatis imitandum proposuisti; da eisdem sic ejus vestigia subsequi ut et mercedem consequantur. — Ora pro parochis et curatis.* Les avocats formèrent en divers lieux des confréries sous le patronage de saint Yves, dans le but de défendre plus efficacement les pauvres. Quelques confrères, le dimanche après la messe, se tenaient dans les sacristies à la disposition des indigents qui venaient les consulter, et se chargeaient au besoin de poursuivre eux-mêmes leurs procès. Ce saint est encore le patron des avoués, des huissiers, des jurisconsultes et des magistrats. Les plaideurs s'adressent à lui pour obtenir gain de cause.

Les *notaires* invoquent, avec ce Bienheureux, saint Nicolas, saint Marc, sainte Lucie, sainte Catherine, sans motif bien caractérisé, saint Gorgon (9 septembre), martyr, qui remplissait les fonctions de maître des offices au palais impérial de Nicomédie, et saint Genès d'Arles (25 août), martyrisé au commencement du IV° siècle, qui était greffier. Les clercs et les procureurs honorent eux aussi saint Yves et saint Nicolas ; les fonctions d'archidiacre de l'Eglise romaine, que remplissait saint Laurent (10 août), ont assez d'analogie avec les leurs pour qu'ils aient songé à le prendre pour patron.

Les *banquiers* en cour de Rome sont sous la protection de l'apôtre saint Pierre. Mais leur véritable patron est saint Mathieu (21 septembre), qui leur est commun avec les agents de change, les receveurs d'impôts et tous les financiers. L'office de publicain ou collecteur d'impôts qu'il exerçait, lorsque Jésus-Christ l'invita à le suivre, le désignait suffisamment à leur piété.

L'*Université* de Paris a choisi pour patron le Bienheureux Charlemagne (28 janvier), qui fonda dans son palais une école où affluèrent les maîtres et les élèves les plus distingués de son royaume et des nations voisines. Cette institution passait pour être le berceau de l'Université parisienne. Les séminaires destinés à la formation des jeunes clercs sont sous la protection de saint Charles Borromée (4 novembre), archevêque de Milan, qui les organisa dans son diocèse et le nord de l'Italie après le concile de Trente. Les écoles où grandit la jeunesse sont sous le patronage de saint Louis de Gonzague (21 juin), qui a donné l'exemple de la chasteté et de toutes les vertus convenant le mieux à cet âge.

Les *écoliers* ont pour patron saint Cassien (13 août), maître d'école d'Imola, que les persécuteurs livrèrent à ses élèves transformés pour la circonstance en bourreaux ; ils le tuèrent à coups de stylet ; saint Symphorien (22 août) et saint Vincent (22 janvier), que leurs actes nous représentent comme ayant été dès leur enfance des écoliers modèles ; saint Grégoire le Grand (12 mars), qui ne croyait pas déroger à la dignité pontificale en allant lui-même enseigner le chant aux enfants de Rome. Les écolières vénèrent plus particulièrement sainte Osanne de Mantoue (18 juin 1505), tertiaire de Saint-Dominique, à qui tout enfant la sainte Vierge avait miraculeusement enseigné à lire. Les deux grands patrons de l'enfance des deux sexes qui fréquente les écoles sont saint Nicolas (6 décembre) et sainte Catherine d'Alexandrie (25 novembre). L'enfance merveilleuse de saint Nicolas, telle que sa légende la raconte, rendit son culte cher aux mères et aux enfants ; il est très répandu dans les familles et les écoles de l'Orient et de l'Occident. Les réjouissances les plus naïves accompagnent dans beaucoup de

(1) S. Cassien est le patron des instituteurs et profes... S. Anne des institutrices.

pays restés chrétiens sa fête qui est celle des enfants.

Les *étudiants* qui fréquentent les Universités et les grandes écoles, ont pour patrons sainte Catherine, saint Grégoire, saint Louis de Gonzague, saint Laurent, sainte Madeleine, saint Jérôme (30 septembre), recommandé à leur attention par son ardent amour de l'étude et son zèle à communiquer sa science aux autres, saint Ambroise de Sienne (20 mars), dominicain qui suivit à Paris et à Cologne l'enseignement du bienheureux Albert le Grand ; devenu maître à son tour, il enseigna la théologie à Paris. Il témoignait une grande sympathie aux étudiants, qui ont maintes fois ressenti après sa mort (1286) les effets de sa protection. Saint Mathurin (9 novembre), que signalait une aptitude extraordinaire à enseigner les vérités de la religion, est souvent invoqué par la jeunesse studieuse.

Les *maîtres* et *étudiants en philosophie* ont été mis officiellement par Léon XIII sous le patronage de saint Thomas d'Aquin (7 mars), surnommé l'*Ange de l'école* ou la *Docteur angélique* à cause de la sûreté, de l'élévation et de l'étendue de sa doctrine. Nul docteur ne personnifie au même degré l'enseignement des sciences sacrées, des théologiens, et en général tous les maîtres et élèves des écoles, des séminaires et universités catholiques l'honorent au même titre que les philosophes. Ces derniers adressent encore leurs hommages à saint Pierius (4 novembre), qui enseigna la philosophie à l'école catéchétique d'Alexandrie, et à sainte Catherine, vierge et martyre, qui eut, au dire de sa légende, un amour passionné pour ce genre d'études et sut défendre victorieusement les dogmes chrétiens contre les maîtres alexandrins les plus en renon.

Les *maîtres* et les *étudiants en théologie* rendent un culte spécial à saint Jean l'Evangéliste

(27 décembre), auquel sa doctrine toute céleste sur l'adorable Trinité et le mystère de l'Incarnation a valu le surnom glorieux de théologien ; saint Augustin (28 août), le plus fécond et le plus pénétrant de tous les Pères de l'Eglise, qualifié de très saint entre les doctes et de très docte entre les saints, salué par la tradition chrétienne comme le maître de la théologie, la colonne de l'Eglise, le bouclier de la foi, le marteau de l'hérésie et le docteur des docteurs. Tous les saints à qui l'Eglise décerne le titre de docteur ont un droit spécial à la vénération des théologiens. Ceux qui professent ou étudient le droit canon se mettent sous la protection de saint Raymond de Pennafort (23 janvier), illustre Dominicain qui mourut à Barcelone en 1275. Il était l'un des canonistes les plus savants de son époque. Grégoire IX, qui l'avait choisi pour confesseur, le chargea de compiler les *Décrétales*. Ses supérieurs lui avaient précédemment confié le soin de rédiger une *Somme des cas de conscience*.

Les élèves et étudiants que l'approche des examens jette dans l'inquiétude, se recommandent à saint Joseph de Copertino (18 septembre). Ce bienheureux, qui appartenait à la branche conventuelle de l'ordre franciscain, subit, malgré son ignorance relative, avec un succès inespéré l'examen qui précéda son ordination diaconale, grâce à la protection de la Sainte Vierge. Les candidats ne pouvaient trouver un meilleur avocat auprès de la reine des cieux. S. Expédit 19 avril, pour les examens

Les *instituteurs* invoquent saint Cassien, martyr, qui remplissait le même office, saint Grégoire le Grand, pape, qui daigna exercer en personne les fonctions de maître de chant, saint Jérôme, saint Charlemagne, saint Arsène (19 juillet), diacre, qui fut le gouverneur du jeune Arcadius, fils de l'empereur Théodose, avant de se retirer dans les solitudes égyptiennes. Les institutrices vénèrent comme leurs patronnes sainte Catherine, sainte Crescence, martyre romaine (15 juin), qui fut la gouvernante et préceptrice de saint Vite ; sainte Anne (26 juillet), que l'on représente donnant à la sainte Vierge une leçon de lecture dans un livre, et sainte Ursule, vierge et martyre (21 octobre), que le collège de Sorbonne à Paris avait choisie pour protectrice ; son culte se répandit dans toutes les écoles destinées à la formation des jeunes filles. Aussi sainte Angèle de Mérici eut-elle la pensée de mettre sous son patronage et son vocable l'ordre religieux qu'elle fonda pour travailler à l'éducation chrétienne des futures mères de famille.

Les *orateurs* ont pris pour patronne sainte Catherine, qui parut au Moyen Age comme une reine de l'éloquence à cause de son succès dans ses discussions avec les philosophes païens d'Alexandrie. Les poètes se sont adressés à saint Grégoire de Nazianze (9 mai), de tous les Pères de l'Eglise celui qui a le plus versifié.

Les alchimistes et tous ceux qui recherchaient les secrets et les lois de la nature pour les mettre au service de l'homme se plaçaient sous la protection de saint Jean l'Evangéliste, qui pendant son exil à Patmos aurait travaillé scientifiquement le minerai de fer.

Les ouvriers et les commerçants du livre forment parmi les travailleurs une classe à part ; ils sont, en effet, les auxiliaires des savants et des professeurs, travaillant avec eux à la diffusion des idées. On peut donc parler d'eux après les professions libérales. Les *imprimeurs* parisiens et tous les corps de métiers du livre avaient pour patron saint Jean-Porte-Latine (6 mai). Les raisons alléguées pour expliquer ce choix sont très insuffisantes. Ils honorent aussi saint Augustin en souvenir probablement du grand nombre de ses œuvres.

Les *relieurs* ont emprunté aux tanneurs le culte patronal de saint Barthélemy (24 août), et aux artistes celui de saint Luc (18 octobre). Ce même saint Luc veille sur les enlumineurs et les imagiers. Les libraires, avec saint Jean Porte-Latine, honorent saint Thomas d'Aquin et saint Jean de Dieu (8 mars). Ce dernier, se trouvant dénué de tout à son retour d'Afrique, se fit marchand d'images et de livres de piété.

CHAPITRE VIII

LES SAINTS PATRONS DES MÉDECINS ET DES INFIRMES.

Les *médecins* ont pour patrons saint Luc (18 octobre), que saint Paul appelait son très cher médecin ; les saints frères martyrs Côme et Damien (27 septembre), qui exerçaient cette profession ; saint Pantaléon (27 juillet) et saint Ursicin (19 juin) martyrs, qui étaient dans le même cas ; saint Césaire (24 février), frère de saint Grégoire de Nazianze, qui remplissait les fonctions de médecin à la cour impériale de Constantinople ; saint Cyr (31 janvier), médecin d'Alexandrie, qui se retira en Arabie pour mener la vie solitaire ; saint Roch, le thaumaturge (16 août), à cause du grand nombre de malades et de pestiférés auxquels il rendit la santé.

Les *chirurgiens* associent au culte qu'ils rendent à saint Côme et à saint Damien le saint évêque martyr de Liège Lambert (17 septembre), qui fut mis à mort devant un oratoire dédié en leur honneur. Les pharmaciens honorent en outre saint Nicolas (6 décembre). Les infirmiers ont pour protecteurs attitré saint Jean de Dieu (8 mars) et saint Camille de Lellis (18 juillet), qui ont fondé l'un et l'autre un ordre religieux voué au soin des malades.

Les *sages-femmes* se mettent sous la protection des saints Côme et Damien, de saint Lambert, de saint Dominique de Silos (20 décembre), invoqué en Espagne pour obtenir des couches heureuses, et de saint Raymond Nonnat (31 août), religieux de l'Ordre de la Merci et cardinal, qu'il avait fallu retirer par une opération chirurgicale du sein de sa mère, morte avant de le mettre au monde.

Les *infirmes* ont eu recours, dès les premiers siècles du christianisme, aux saints pour obtenir leur soulagement. Les guérisons très souvent miraculeuses accordées ainsi à leurs prières, légitiment et encouragent cette confiance. La plupart des saints ont exercé, avec plus ou moins de facilité et de fréquence, ce pouvoir de guérir pendant leur vie mortelle. Ils le continuent après leur mort. Beaucoup parmi eux se sont montrés plus thaumaturges du fond de leur tombeau que de leur vivant. Les miracles opérés par leur intervention ont toujours paru aux yeux des fidèles et de l'Eglise comme la preuve nécessaire de leur sainteté. L'héroïcité des vertus ne suffit pas pour mériter à un chrétien les honneurs de la béatification et de la canonisation. Rome exige des miracles contrôlés avec le plus grand soin. Mais les miracles proprement dits sont rares. Très nombreuses sont, au contraire, les guérisons et les améliorations que les bienheureux accordent à ceux qui les prient avec confiance. Ils ne semblent pas avoir reçu de Dieu un égal empire sur toutes les maladies. La piété chrétienne, guidée par un certain instinct que l'expérience éclaire, sait discerner parmi eux des spécialistes.

Quelques pages sur ces auxiliaires célestes des médecins termineront dignement ce volume.

Pour les mères qui attendent un enfant, on implore saint Dominique de Silos (20 décembre), c'est devant ses reliques que la bienheureuse Jeanne de Aza apprit dans une vision qu'elle aurait bientôt un fils, qui fut le grand saint Dominique ; sainte Anne, qui eut la meilleure des filles ; saint Raymond Nonnat (31 août) ; saint Bernard de Rodez, abbé de Saint-Sauve (9 octobre) ; saint René, évêque d'Angers (12 novembre) ; saint Vital, deuxième évêque de Salzbourg (20 octobre) ; sainte Foy, martyre d'Agen (6 octobre) ; sainte Jeanne-Françoise de Chantal.

Il y a toute une litanie de saints invoqués pour les enfants malades : saint Agapit (18 août), martyrisé presque au sortir de l'enfance ; saint Aignan, évêque d'Orléans (17 novembre), dont les reliques opérèrent peu de temps après sa mort plusieurs guérisons d'enfants ; saints Abdon et Sennen (30 juillet) ; saint Aubin, évêque d'Angers (1er mars), qui ressuscita un enfant ; saint Blaise (2 février), qui exerça sa puissance de thaumaturge surtout en faveur du jeune âge ; saint Clément (23 novembre), saint Eustache (17 septembre), en souvenir de ses propres enfants ; saint Eutrope, évêque de Saintes (30 avril), à qui l'on recommande les petits estropiés ; saint Jean-Baptiste (24 juin) ; saint Leufroy, abbé (21 juin) ; saint Loup, évêque de Troyes, saint Maurice, saint Ubald (16 mai), évêque de Gubbio, saint Vaury (8 juillet), solitaire du diocèse de Bourges, sainte Aldegonde (30 janvier), sainte Clotilde, reine de France (3 juin), sainte Pharaïlde (4 janvier), sainte Ursule (21 octobre), les saints Innocents (28 décembre), etc. Le sentiment que les mères ont de l'efficacité de leur intercession a déterminé le choix de ces bienheureux. Il n'y a guère à chercher d'autres raisons de cette confiance.

Au Moyen Age, on donnait le nom général de fièvre à la plupart des maladies, dont elle est l'un des effets ordinaires. La dévotion populaire recourait pour la calmer et la faire disparaître à un grand nombre de saints et de saintes. Voici les principaux : saint Abraham, abbé à Clermont en Auvergne (15 juin) ; saint Adalhard, abbé de Clorbie (2 janvier les fiévreux buvaient de l'eau dans laquelle on avait plongé l'une de ses reliques) ; saint Albert de Sicile (7 août), religieux de l'ordre des Carmes ; sainte Aldegonde (30 janvier), abbesse de Maubeuge ; sainte Amelberge (10 juillet), honorée dans les diocèses de Liège et de Gand ; saint Ansbert (9 février), abbé de Fontenelle et archevêque de Rouen ;

saint Antoine de Padoue (13 juin), saint Antonin
(2 mai), saint Arnould (29 janvier); saint Aymon
(23 octobre), deuxième évêque de Toul; saint Ber-
thilon (26 avril), abbé de Saint-Bénigne de Dijon ;
saint Charles le Bon (2 mars), comte de Flandre
mort en 1127; saint Claude (8 novembre), martyr
sous la persécution de Dioclétien; sainte Colette
(6 mars); saint Corneille, pape et martyr (14 septembre); saint Damase, pape (11 décembre); saint
Didier, évêque de Vienne (23 mai); saint Dominique
(4 août), saint Evroult (30 décembre), saint Eustache
(7 septembre), saint Florent (22 septembre), saint
Fursy (16 janvier), saint Gal (1 juillet), sainte Geneviève (3 janvier), saint Germain de Paris (28 mai),
sainte Gertrude de Nivelles (17 mars), saint Hilaire
(14 janvier), saint Hugues, abbé de Cluny (29 avril),
saint Ignace de Loyola (31 juillet), saint Julien de
Brioude (28 août), saint Médard (8 juin), sainte Radegonde (13 août), saint Remy (1 octobre), saint
Ursmer, abbé de Lobbes (19 avril), saint Vincent
Ferrier (avril), etc., etc. Le malade qui voulait obtenir sa guérison récitait des prières en l'honneur du
saint ; il faisait un pèlerinage à son tombeau ou à
un sanctuaire élevé en un lieu consacré par un de
ses miracles ou un acte de sa vie ; il buvait de l'eau
sanctifiée par le contact d'une relique, ou puisée dans
une fontaine vénérée sous son vocable ; il touchait
une de ses reliques.

En cas d'épidémie, on recourait à des saints qui
avaient pu de leur vivant préserver par leurs prières
une ville ou une contrée de la contagion. Ceux pour
lesquels le peuple avait une dévotion particulière
étaient tout désignés à sa confiance. Lorsqu'une
maladie contagieuse sévissait sur une région, les
foules se pressaient devant leur tombeau et autour
de leurs reliques portées solennellement à travers les
rues des villes et les chemins des campagnes déso-
lées. La délivrance obtenue par leur intercession res-
tait profondément gravée dans le souvenir des

peuples ; elle devenait l'occasion de fêtes liturgiques célébrées tous les ans. Ces fêtes sont presque toujours les plus populaires d'un pays. Parmi les saints qui ont mérité la reconnaissance publique en conjurant les épidémies, on peut nommer : saint Antoine (17 janvier), surtout invoqué au xi° siècle contre la maladie du *feu sacré* ou *feu de saint Antoine* ; l'ordre hospitalier de Saint-Antoine fut fondé en action de grâces pour une guérison miraculeuse obtenue par son intercession ; saint Martial, apôtre de l'Aquitaine (30 juin), qui manifesta sa puissance au xi°, au xiv° et au xv° siècle, en arrêtant les progrès de la peste qui sévissait sur Limoges et toute la contrée. Saint Roch (16 août), qui allait soigner les malades dans les pays désolés par la peste ; Dieu accorda fréquemment par son entremise des guérisons miraculeuses ; les églises d'Italie, d'Espagne et de la France méridionale encouragèrent les fidèles à implorer son assistance en temps d'épidémie. Saint Sébastien (20 janvier) est invoqué depuis l'année 680 ; ses reliques, apportées à Rome, la délivrèrent de la peste ; saint Vincent Ferrier propagea parmi les pestiférés espagnols la dévotion à saint Christophe (25 juillet) ; ce n'était pas une nouveauté, puisque, au dire de sa légende, le Seigneur lui avait promis de préserver de la peste quiconque le prierait par son intercession. Quand la ville de Paris était affligée d'une maladie contagieuse, le clergé et le fidèles s'adressaient à sainte Geneviève et portaient sa châsse en procession à travers les rues. En Normandie, dans la vallée de la Seine, on recourait à saint Wulfran (20 mars), honoré au monastère de Saint-Wandrille.

Contre la lèpre et les maladies de la peau, le peuple s'adressait à saint Lazare. Ce saint était vénéré comme le patron des lépreux, auxquels son nom fut attribué. On les appelait *ladres*, et les hôpitaux où ils étaient enfermés, les *maladreries*. Saint Job, inscrit au martyrologe le 10 mai, était désigné comme le protecteur de ces pauvres infirmes par la nature des souffrances qu'il eut à endurer. Les Siciliens s'adressent plus volontiers à sainte Agrippine (23 juin), dont les reliques sont honorées à Messine. Saint Lucien, apôtre de Beauvais (8 janvier), est invoqué contre la maladie enfantine connue sous le nom de lèpre de lait. Les Bretons recourent à saint Méen (21 juin) pour être préservés d'une maladie de peau à laquelle ils donnent le nom du saint, le *mal de saint Méen*. Les populations du Gévaudan s'adressent à sainte Enimie (5 octobre), qui échappa au mariage en obtenant d'être défigurée par une lèpre affreuse, qui disparut bientôt. On appelle *mal de saint Laurent* une maladie cutanée, se manifestant par des boutons ou des démangeaisons, et pour la guérison desquelles on s'adresse au saint martyr. Sainte Radegonde (13 août), qui aimait à laver les lépreux, saint Martin, qui guérit un lépreux en l'embrassant, sont invoqués avec confiance par ces malades.

Saint Brice (13 novembre), évêque de Tours, saint Fiacre (30 août), saint Erasme (2 juin), évêque et martyr, condamné, d'après une légende consacrée par l'iconographie, à avoir les intestins arrachés, saint Fursy (16 janvier), saint Germain d'Auxerre (31 juillet) et saint Loup de Limoges (22 mai), ont mérité la confiance de ceux qui souffrent de douleurs d'entrailles.

Les aveugles sont sous le patronage de saint Clair, premier évêque de Nantes (10 octobre); la strophe suivante atteste la confiance que l'on avait en lui : *Sanctus Clarus appellatur sacris dictaminibus, claritas per quem donatur lumine carentibus.* Ils invoquent sainte Fare (7 décembre), que saint Eustaise, abbé de Luxeuil, guérit de la cécité ; sainte Colombe de Sens (31 décembre), sainte Aldegonde (30 janvier), sainte Aline (16 juin), vierge, qui rendit la vue à un aveugle ; sainte Colette (6 mars), qui guérit un enfant auquel on avait crevé l'œil ; saint Félix de Nole (14 janvier), saint Gauthier (8 avril), abbé de Pontoise ; sainte Lucie (13 décembre), et sainte Claire d'Assise (12 août), à cause de leur nom ; saint Léger (2 octobre), qui eut les yeux arrachés par ordre d'Ebroïn ; saint Omer, évêque (9 septembre) ; sainte Odille, vierge (13 décembre), et en général tous les bienheureux qui eux-mêmes ont été aveugles ; saint Raphaël, archange (24 octobre), qui rendit la vue au vieillard Tobie.

Pour se préserver de la surdité et des maux d'oreille, les chrétiens s'adressent à l'apôtre saint Paul (30 juin), à saint Aurélien de Limoges (8 mai), dont le nom ressemble au mot oreille ; c'est un motif semblable qui porte à implorer l'assistance de saint Ouen (24 aout) et de sainte Ouine (7 juin), on ne peut les nommer sans songer à l'ouïe ; saint Cadoc (21 septembre), solitaire breton ; saint Léonard de Vandœuvre (15 octobre), au diocèse du Mans, qui rendit l'ouïe à des sourds ; saint Corneille, pape et martyr (14 septembre) ; saint Polycarpe (26 janvier), évêque de Smyrne.

Contre les maux de tête sont invoqués sainte Aldegonde, saint Alexandre (10 juillet), saint Antoine, saint Athanase (2 mai), sainte Bibiane (2 décembre), sainte Colette, saint Denys (9 octobre), saint Etienne, saint Eutrope, saint Fiacre, saint François d'Assise, saint Hugues (1er avril), saint Léonard (6 novembre), saint Maur (15 janvier), saint Pierre Damien (23 février), saint Pierre, martyr (29 avril), saint Vincent Ferrier (5 avril), saint Zénobe (25 mai), etc.

Contre les maux de gorge : saint André (30 novembre), sainte Bertille (5 novembre), saint Blaise (3 février), saint Ignace d'Antioche (1er février), sainte Lucie (13 décembre), saint Remy (1er octobre).

Contre les maux de dents, sainte Apolline (9 février), sainte Blaise, saint Bond (29 octobre), saint Christophe (25 juillet), saint Dizier (23 mai), sainte Elisabeth de Hongrie (19 novembre), saint Grégoire l'Arménien (16 mars), saint Médard (8 juin), et saint Rigobert (4 janvier).

Contre l'épilepsie, saint Aphrodise, évêque de Béziers (22 mars), saint Balthasar, l'un des rois mages (6 janvier), sainte Bibiane, martyre (2 décembre), saint Christophe, saint Corneille, saint Dinault (11 août), enfant martyrisé par les Barbares au ve siècle dans le Bauveaisis, saint Evroult (30 décembre), saint Gilles (1er septembre), saint Ghislain (9 octobre), abbé dans le Hainaut ; saint Hildebert (27 mai), évêque de Meaux ; saint Jean-Baptiste, saint Jean Chrysostome, saint Loup de Sens (1er septembre), saint Mathurin (9 novembre), saint Valentin (14 février), saint Vincent Ferrier (5 avril), saint Willibrord (7 novembre).

Contre la rage, saint Hubert (3 novembre), qui opère les guérisons miraculeuses par son étole conservée religieusement dans le monastère qu'il fonda en Ardennes ; saint Denis de Paris, invoqué encore pour cela au xviie siècle ; saint Germain d'Auxerre (31 juillet), saint Pierre Chrysologue (4 décembre), sainte Quiterie (22 mai), qui a guéri un grand nombre de malades à la suite de neuvaines faites à son tombeau; saint Udalric, évêque d'Augsbourg (4 juillet), saint Guy (15 juin), invoqué particulièrement à Rome, et sainte Walburge (25 février).

Contre la folie, sainte Berthe (1er mai), abbesse d'Avenay au diocèse de Reims ; saint Amable de Riom (11 juin) ; saint Bertaut (16 juin), ermite dans le diocèse de Reims ; saint Colomban (21 novembre) ; saint Didier (18 septembre), au tombeau duquel on menait les pauvres fous en pèlerinage ; saint Evroult (30 décembre), saint Florentin (24 octobre), qui exerça par ses reliques son pouvoir de thaumaturge à Bonnet, diocèse de Verdun ; saint Gildas (29 janvier), saint Gilles, saint Grat (16 octobre), martyr au diocèse de Rodez ; saint Menou (12 juillet), honoré dans le Bourbonnais ; saint Mathurin, sainte Quitterie, saint Tibéry (10 novembre), martyr au diocèse d'Adge.

Contre les dangers de mort subite, on invoque

sainte Aldegonde, saint André Avellin (10 novembre), sainte Barbe, saint Christophe, saint Léothade (23 octobre), sainte Marthe, saint Michel et les rois mages. Pour obtenir la grâce d'une bonne mort, on s'adresse à saint Joseph, à saint Benoît, à saint Etienne, à saint Ignace de Loyola, à saint Michel, à sainte Barbe, à sainte Ursule et à la bienheureuse Christine l'Admirable.

On recommande les agonisants à saint Camille de Lellis (18 juillet), à saint Jean de Dieu (8 mars), à saint Michel, qui a reçu la mission de présenter les âmes au Seigneur ; à saint Joseph, qui mourut entre les bras de notre Seigneur Jésus-Christ et de la sainte Vierge ; à saint Benoît, à saint André Avellin, à saint Sébastien, à saint Libérat.

TABLE DES MATIÈRES

FIN DE LA TABLE

DANS LA MÊME COLLECTION

DU MÊME AUTEUR

160. **D'où viennent les moines ?** *Etude historique.*   1 vol.
201-202. **Les Moines de l'Afrique romaine**, iiie et iv^e
siècles, 2 vol. Prix . . . .   1 fr. 20
228. *Les Grands Ordres religieux* : **Les Bénédictins.**   . 1 vol.

CETTY (H.). — 266. **Les Associations ouvrières en Allemagne** . . . .   1 vol.
— 326. **Les Socialistes allemands** . . . .   1 vol.
— 327. **La Famille ouvrière contemporaine.** . . . .   1 vol.
PASCAL (R. P. DE). — **Le Régime corporatif et l'organisation
du travail.** 2 vol. se vendant séparément.
  118. I. — **Le Passé** . . . .   1 vol.
  119. II. — **L'Avenir** . . . .   1 vol.
— 134. **L'Eglise et le Droit des Gens.** . . . .   1 vol.
CALIPPE (CH.). — 66. **L'Education chrétienne de la Démo-
cratie.** *Essai d'apologétique sociale.* . . . . . .   1 vol.
SABATIER (ABBÉ). — 37. **L'Eglise et le Travail manuel.**   1 vol.
MONTAGNE (R. P.). — **Etudes sur l'origine de la Société.** 3 vol.
  se vendant séparément.
  93. I. — **La Théorie du Contrat social** . . . . .   1 vol.
  94. II. — **La Théorie de l'organisme social, d'après l'école
  naturaliste.** . . . .   1 vol.
  95. III. — **La Théorie de l'Être social, d'après saint Thomas
  d'Aquin.** . . . .   1 vol.
GARRIGUET (L.). — ÉTUDES DE SOCIOLOGIE.
— 152-153. **Question sociale et Ecoles sociales.** 2 volumes.
  Prix . . . .   1 fr. 20
— 154-155. **La Propriété privée.** 2 vol. Prix . . . .   1 fr. 20
— 264. **Le Salaire.** . . . .   1 vol.
— 292. **Le Contrat de Travail.** . . . .   1 vol.
— 293. **L'Association ouvrière** . . . .   1 vol.
— 304. **Capital et Capitalisme.** . . . .   1 vol.
FAYE (J. DE LA). — 288. *Les Ordres religieux contemporains.* —
Les Petites Sœurs des Pauvres . . . .   1 vol.
FLAMÉRION (R. P.). — 82. **De la Prospérité comparée des nations catholiques et des nations protestantes** . .   1 vol.
BAUDRILLART (ANDRÉ). — 253. **La Charité aux premiers siècles
du Christianisme** . . . .   1 vol.
TOURNEBIZE (R. P.). — 31. **Du Doute à la Foi,** *le besoin, les raisons, les moyens, le devoir, la possibilité de croire, avec lettre-
préface de F. COPPÉE, de l'Académie française* . . .   1 vol.
— 137. **Le Repos dominical.** *Bonheur de l'Individu, de la Famille et de la Société* . . . .   1 vol.
AZAMBUJA (G. D'). — 60. **L'Esprit chrétien et les affaires.**   1 vol.
— 64. **Ce que le Christianisme a fait pour la Femme.**   1 vol.

Envoi gratuit du Catalogue complet

SAINT-AMAND (CHER). — IMPRIMERIE BUSSIÈRE

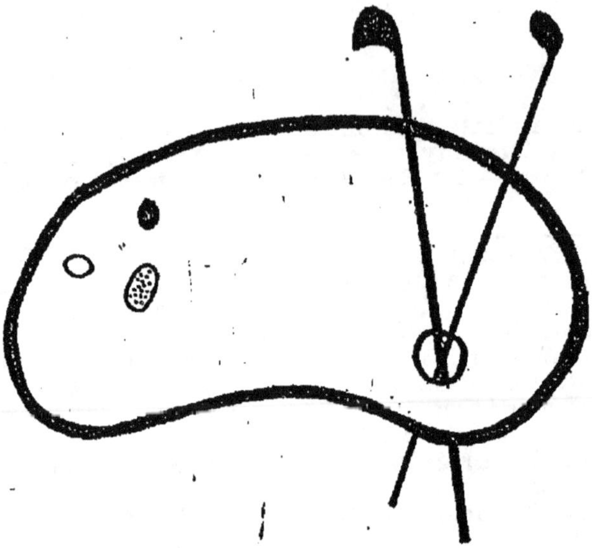

ORIGINAL EN COULEUR
NF Z 43-120-8